ADIMPLEMENTO SUBSTANCIAL NOS CRIMES TRIBUTÁRIOS

CARLOS EDUARDO FERREIRA DOS SANTOS

ADIMPLEMENTO SUBSTANCIAL NOS CRIMES TRIBUTÁRIOS

Belo Horizonte

2022

© 2022 Editora Fórum Ltda.

É proibida a reprodução total ou parcial desta obra, por qualquer meio eletrônico, inclusive por processos xerográficos, sem autorização expressa do Editor.

Conselho Editorial

Adilson Abreu Dallari
Alécia Paolucci Nogueira Bicalho
Alexandre Coutinho Pagliarini
André Ramos Tavares
Carlos Ayres Britto
Carlos Mário da Silva Velloso
Cármen Lúcia Antunes Rocha
Cesar Augusto Guimarães Pereira
Clovis Beznos
Cristiana Fortini
Dinorá Adelaide Musetti Grotti
Diogo de Figueiredo Moreira Neto (*in memoriam*)
Egon Bockmann Moreira
Emerson Gabardo
Fabrício Motta
Fernando Rossi
Flávio Henrique Unes Pereira
Floriano de Azevedo Marques Neto
Gustavo Justino de Oliveira
Inês Virgínia Prado Soares
Jorge Ulisses Jacoby Fernandes
Juarez Freitas
Luciano Ferraz
Lúcio Delfino
Marcia Carla Pereira Ribeiro
Márcio Cammarosano
Marcos Ehrhardt Jr.
Maria Sylvia Zanella Di Pietro
Ney José de Freitas
Oswaldo Othon de Pontes Saraiva Filho
Paulo Modesto
Romeu Felipe Bacellar Filho
Sérgio Guerra
Walber de Moura Agra

FÓRUM
CONHECIMENTO JURÍDICO

Luís Cláudio Rodrigues Ferreira
Presidente e Editor

Coordenação editorial: Leonardo Eustáquio Siqueira Araújo
Aline Sobreira de Oliveira

Av. Afonso Pena, 2770 – 15º andar – Savassi – CEP 30130-012
Belo Horizonte – Minas Gerais – Tel.: (31) 2121.4900 / 2121.4949
www.editoraforum.com.br – editoraforum@editoraforum.com.br

Técnica. Empenho. Zelo. Esses foram alguns dos cuidados aplicados na edição desta obra. No entanto, podem ocorrer erros de impressão, digitação ou mesmo restar alguma dúvida conceitual. Caso se constate algo assim, solicitamos a gentileza de nos comunicar através do *e-mail* editorial@editoraforum.com.br para que possamos esclarecer, no que couber. A sua contribuição é muito importante para mantermos a excelência editorial. A Editora Fórum agradece a sua contribuição.

Dados Internacionais de Catalogação na Publicação (CIP) de acordo com a AACR2

F383a	Ferreira dos Santos, Carlos Eduardo Adimplemento substancial nos crimes tributários / Carlos Eduardo Ferreira dos Santos. - Belo Horizonte : Fórum, 2022. 139 p. ; 14,5cm x 21,5cm. Inclui bibliografia. ISBN: 978-65-5518-264-4 1. Direito. 2. Direito Civil. 3. Direito Penal. 4. Direito Tributário. 5. Direito Financeiro. I. Título.
2021-4231	CDD: 347 CDU: 347

Elaborado por Vagner Rodolfo da Silva – CRB-8/9410

Informação bibliográfica deste livro, conforme a NBR 6023:2018 da Associação Brasileira de Normas Técnicas (ABNT):

FERREIRA DOS SANTOS, Carlos Eduardo. *Adimplemento substancial nos crimes tributários*. Belo Horizonte: Fórum, 2022. 139 p. ISBN 978-65-5518-264-4.

De tudo o que se tem ouvido, o fim é: Teme a Deus e guarda os seus mandamentos; porque este é o dever de todo homem.

(Eclesiastes, cap. 12, vers. 13)

LISTA DE ABREVIATURAS E SIGLAS

CC	–	Código Civil
CDC	–	Código de Defesa do Consumidor
CF	–	Constituição Federal de 1988
CP	–	Código Penal
CPP	–	Código de Processo Penal
CTN	–	Código Tributário Nacional
EC	–	Emenda Constitucional
HC	–	*Habeas Corpus*
ICMS	–	Imposto sobre Circulação de Mercadorias e Serviços de Transporte Interestadual e Intermunicipal e de Comunicação
INSS	–	Instituto Nacional de Seguridade Social
LC	–	Lei Complementar
LRF	–	Lei de Responsabilidade Fiscal
NBC	–	Norma Brasileira de Contabilidade
STF	–	Supremo Tribunal Federal
STJ	–	Superior Tribunal de Justiça
v.g.	–	*verbi gratia*

LIVROS PUBLICADOS

Adimplemento substancial nos crimes tributários. 1. ed. 2022. Editora Fórum.

Intervenção Estadual nos Municípios. 1. ed. 2022. Editora Livraria do Advogado.

Crimes contra o sistema financeiro nacional (Lei nº 7.492/86). 1. ed. 2021. Editora Lumen Juris.

Legislação específica MPC – Pará. 1. ed. 2021. Editora Lumen Juris.

Vade Mecum MPC – Rondônia. 2. ed. 2021. Editora Lumen Juris.

Processo legislativo distrital (Legislação). 2. ed. 2020. Editora Dialética.

Normas de contabilidade no setor público. 2. ed. 2020, Editora Dialética.

ARTIGOS PUBLICADOS

Propostas para nomeação de ministros do Supremo Tribunal Federal. Revista do Tribunal Regional Federal da 1ª Região, v. 33, n. 2, p. 45-58, 31 ago. 2021.

As Forças Armadas não detêm competência para intervir nos poderes. Revista Consultor Jurídico – ConJur. Opinião. 31 de agosto de 2021.

Sobre a prisão após condenação em segunda instância. Revista Consultor Jurídico – ConJur. Opinião. 30 de agosto de 2021.

Impenhorabilidade de salário nas execuções civis versus direito ao pagamento do credor. Revista do Tribunal Regional Federal da 1ª Região, v. 33, n. 1, p. 29-46, 30 abr. 2021.

A teoria do adimplemento substancial é aplicável nos crimes tributários? Revista Forense – Volume 432 – Ano 116 – Junho – Dezembro de 2020. Publicado em 11 jan. 2021

Não recepção na Constituição de 1988 da penalidade administrativa de aposentadoria compulsória de magistrados. Revista do Tribunal Regional Federal da 1ª Região, v. 32, n. 3, p. 28-38, 17 dez. 2020.

Recusa de usar máscara vulnera princípio constitucional do direito à saúde. Revista Consultor Jurídico – ConJur. Opinião. 8 de dezembro de 2020.

Atos antidemocráticos e crime de responsabilidade. Revista Bonijuris, Ano 32, Edição 665, Ago/Set 2020.

Maior eficiência na investigação criminal prevista na lei anticrime e sua constitucionalidade. Revista do Tribunal Regional Federal da 3ª Região – Ano XXXI – N. 146 – Julho/Setembro de 2020 – ISSN 1982-1506, p. 15-32.

Vedação de Progressão de Regime aos integrantes de organização criminosa. Revista de Doutrina Jurídica (RDJ). 55. Brasília. 111 (2). P. 268-288/Jan-Jun. 2020.

Sistemas penitenciários e o princípio da proporcionalidade. Migalhas. Migalhas de Peso. Quinta-feira, 14 de maio de 2020.

A quarentena versus *a liberdade de locomoção*. Revista Consultor Jurídico – ConJur. Opinião. 30 de abril de 2020.

SUMÁRIO

NOTA DO AUTOR 13

INTRODUÇÃO 15

CAPÍTULO 1
DIREITO PRIVADO 19
1.1 Obrigações no Direito Civil 21
1.1.1 Generalidades 21
1.1.2 Responsabilidade (*haftung*) e débito (*schuld*) 26
1.1.3 Cumprimento das obrigações – adimplemento 27
1.2 Adimplemento substancial 30
1.2.1 Origem e conceito do adimplemento substancial 32
1.2.2 Fundamento principiológico do adimplemento substancial no Código Civil de 2002 37
1.2.3 Consequências da adoção da teoria do adimplemento substancial 40
1.2.4 Adimplemento substancial no direito comparado 42

CAPÍTULO 2
DIREITO PÚBLICO 47
2.1 Obrigações no Direito Tributário 50
2.1.1 Obrigação tributária 50
2.1.2 Tributo 53
2.1.3 Crédito tributário 55
2.1.4 Extinção do crédito tributário – pagamento e remissão 56
2.1.5 Exclusão do crédito tributário – isenção 59
2.2 Crimes tributários 61
2.2.1 Generalidades 61
2.2.2 Tipos penais de crimes tributários 65
2.2.3 Característica basilar: a fraude 71
2.2.4 Extinção da punibilidade nos crimes tributários 74
2.3 Repercussão no Direito Financeiro 81

2.3.1	Conceito de Direito Financeiro	81
2.3.2	Necessidades públicas	82
2.3.3	Receita pública tributária	85
2.3.4	Responsabilidade fiscal	86

CAPÍTULO 3
ADIMPLEMENTO SUBSTANCIAL E CRIMES TRIBUTÁRIOS 95

3.1	Unicidade do Direito	95
3.2	É possível transladar instituto de direito privado para o direito público?	96
3.3	Diálogo de fontes	98
3.4	Diálise entre a unicidade do Direito e o diálogo de fontes	101
3.5	Não aplicação da teoria do adimplemento substancial na seara penal	103
3.6	Necessidade do pagamento integral do tributo para extinguir a punibilidade	106
3.7	Inaplicabilidade automática da teoria do adimplemento substancial na extinção da punibilidade nos crimes tributários.	107
3.7.1	Repercussão financeira	107
3.7.2	Princípio da legalidade tributária	109
3.7.3	Interpretação legal	110
3.8	Possibilidade de o legislador conceder isenção ou remissão parcial – *adimplemento substancial tributário*	112

CAPÍTULO 4
JURISPRUDÊNCIA SOBRE ADIMPLEMENTO SUBSTANCIAL 115

4.1	Jurisprudência do Superior Tribunal de Justiça	116

CONSIDERAÇÕES FINAIS 131

REFERÊNCIAS 133

NOTA DO AUTOR

A elaboração da obra *Adimplemento substancial nos crimes tributários* afigurou-se complexa, haja vista tratar de temas variados das ciências jurídicas, notadamente o direito civil, o direito tributário, o direito penal e o direito financeiro, sendo inédito o presente estudo.

Agradeço muitíssimo a Deus, pela sabedoria dada, inteligência e capacidade jurídico-investigativa. *Senhor Jesus, muito obrigado!!!*

Porque Dele, por Ele
Para Ele são todas as coisas
Porque Dele e por Ele
Para Ele são todas as coisas

A Ele a glória
A Ele a glória
A Ele a glória
Pra sempre
Amém

Quão profundas riquezas
O saber e o conhecer de Deus
Quão insondáveis
Seus juízos e Seus caminhos

A Ele a glória
A Ele a glória
A Ele a glória
Pra sempre
Amém

(Música: "A Ele a Glória". Ministério Diante do Trono)

Carlos Eduardo Ferreira dos Santos

INTRODUÇÃO

A temática "adimplemento substancial" (*substancial performance*) é matéria assente na doutrina civilista atual. Com aplicação no direito privado, a referida teoria propugna que se considere a manutenção do vínculo jurídico se houver satisfação de parte significativa da prestação – sua quase integralidade – em respeito à boa-fé objetiva, à vedação ao abuso de direito e ao enriquecimento sem causa.

Ocorre o adimplemento substancial ante a satisfação do interesse do credor, a despeito do descumprimento mínimo da prestação acordada inicialmente pelas partes da relação jurídica.

Nessa perspectiva, o devedor poderá ser considerado adimplente se cumprir parte significativa da obrigação, a sua quase totalidade. Precipuamente, a obrigação reputar-se-á cumprida e satisfeita, a despeito de sua não satisfação integral. Isso, porque o interesse principal do credor foi atingido.

Considerando o descumprimento mínimo do devedor, restará ao credor a possibilidade de pleitear a prestação remanescente, de forma a recompor o não atendimento total da obrigação avençada. Por conseguinte, o devedor não se sujeitará a sanções decorrentes de completo inadimplemento, a exemplo da resolução do contrato pelo incumprimento mínimo.

A questão a ser discutida é se a teoria do adimplemento substancial – instituto de direito civil – aplica-se às obrigações do direito tributário – ramo do direito público –, referente ao dever de pagar tributos como forma extintiva de punibilidade dos crimes tributários.

A lacuna interpretativa que se faz é: a pessoa que paga a quase totalidade do tributo fraudado ou sonegado, 90% do valor devido por exemplo, pode alegar o cumprimento da obrigação tributária – com fulcro no adimplemento substancial – e pleitear a extinção das sanções penais correspondentes?

Isso, porque várias leis federais contemplam a suspensão e até mesmo a extinção da punibilidade de crimes tributários caso haja o pagamento do tributo, a exemplo da Lei nº 9.430/96, a Lei nº 9.983/2000 e a Lei nº 10.684/2003.

Assim, para elucidar a questão e apontar uma solução jurídica razoável, necessário o estudo de institutos de diversos ramos do Direito, notadamente do direito civil, do direito tributário, do direito penal e do direito financeiro. *In casu*, explicitar-se-ão conceitos basilares de obrigações no direito civil, obrigações no direito tributário, crimes tributários, adimplemento substancial nos crimes tributários e sua repercussão no direito financeiro. É feito tal interligamento entre diversas disciplinas jurídicas em face das múltiplas consequências, a depender do entendimento sufragado, mormente nas perspectivas tributária, financeira e penal.

Após explicitação dos referidos institutos, será perscrutada a questão de fundo: a aplicabilidade ou não da teoria do adimplemento substancial nos crimes tributários, baseando-se em princípios hermenêuticos, a exemplo da unicidade do direito e do diálogo de fontes. Ao final, é sugerida solução normativa, bem como explicitada jurisprudência do Superior Tribunal de Justiça sobre o princípio do adimplemento substancial.

Evidentemente, a obra não tem a pretensão de esgotar o tema, sendo impossível fazê-lo, diante da limitação humana e da complexidade da discussão proposta. Sem embargo, o livro indica respostas úteis para solução do problema aqui tratado.

Dessa forma, o livro é dividido em quatro capítulos. O *primeiro capítulo* é dedicado ao estudo do direito privado, sendo analisadas as obrigações no direito civil e sobre o adimplemento substancial, inclusive na perspectiva do direito comparado. O *segundo capítulo* trata do direito público, particularmente sobre as obrigações no direito tributário, os crimes tributários e a repercussão no direito financeiro ao se adotar o adimplemento substancial nos aludidos delitos. Perpassados esses institutos basilares, avança-se para o *terceiro capítulo*, que versa sobre a questão de fundo: o adimplemento substancial e crimes tributários. Nesse momento, é trazido à baila solução à problemática intercomunicando-se com teorias sobre a unicidade do direito, a transladação de instituto de direito privado para o direito público, o diálogo das fontes e a diálise dessas questões no equacionamento do tema proposto.

Diante disso, sugere-se solução ao vislumbrar a possibilidade de o legislador conceder isenção ou remissão parcial, caracterizando-se o "adimplemento substancial tributário". Por derradeiro, no *quarto capítulo* é colacionada a jurisprudência do Superior Tribunal de Justiça acerca do adimplemento substancial.

CAPÍTULO 1

DIREITO PRIVADO

O vocábulo *Direito* por si só agrega preceitos sociais, haja vista que o "Direito" tem por escopo a regulação normativa da sociedade, consoante os valores em dado momento e espaço geográfico. Disso resulta que a locução *Direito* expressa "fenômeno histórico-cultural, realidade ordenada ou ordenação normativa da conduta segundo uma conexão de sentido. Consiste num sistema normativo. Como tal, pode ser estudado por unidades estruturais que o compõem, sem perder de vista a totalidade de suas manifestações. Essas unidades estruturais ou dogmáticas do sistema jurídico constituem as divisões do Direito, que a doutrina denomina ramos da ciência jurídica – (*Direito Público*): e) Financeiro, f) Tributário, g) Processual, h) Penal. (*Direito Privado*): a) Civil, b) Comercial".[1]

Por sua vez, o sintagma *direito privado* pode ser interpretado sob diversos aspectos. Na perspectiva filosófica de Kant, "direito privado" refere-se à relação de disposição da pessoa com o objeto que lhe pertença, sendo ampla a disposição normativa da liberalidade na relação do sujeito com a coisa objeto de satisfação. Nesse sentido, "um objeto de minha escolha é aquele para o qual disponho de capacidade física de usar como me agrade, aquele cujo uso está em meu poder (*potentia*).[2]

Na visão sociológica de Durkheim, o "direito privado" pode ser compreendido como a finalidade perseguida pelo sujeito atinente a ele próprio, destacando-se a realização individual, proporcionando o desenvolvimento e o engrandecimento correlacionado a si mesmo.

---

[1] SILVA, José Afonso. *Curso de direito constitucional positivo*. 9. ed. São Paulo: Malheiros, 1994, p. 35.
[2] KANT, Immanuel. *A metafísica dos costumes*. 2. ed. Barueri/SP, EDIPRO, 2008, p. 91-92.

Alude aos "fins perseguidos pelos homens que concernem ao indivíduo que as realiza e somente a ele, e diremos então que são ações pessoais".[3]

Para a sociologia jurídica, com escólio em Euzébio de Queiroz Lima, "o direito privado abrange as regras que concernem aos interesses dos indivíduos". Disso resulta que, no direito privado, "o fim é o indivíduo". Para atingir tal mister, utiliza-se do "conjunto de preceitos que delimitam os interesses das pessoas, protegendo-as umas contra as outras".[4]

Na precisão terminológica do professor De Plácido e Silva, a expressão *direito privado* é o ramo "que se constitui de toda espécie de regra que venha organizar juridicamente os interesses de ordem individual, nos seus aspectos civis ou comerciais, que se registram nas relações entre particulares, ou mesmo entre estes e as pessoas jurídicas de Direito Público, quando agem como particulares".[5] A esse respeito, Luís Roberto Barroso assinala que "no regime jurídico de direito privado, vigoram princípios como os da livre iniciativa e da autonomia da vontade. As pessoas podem desenvolver qualquer atividade ou adotar qualquer linha de conduta que não lhes seja vedada pela ordem jurídica".[6]

Assim, o *direito privado* trata das normas acerca dos interesses particulares, isto é, da relação das pessoas entre si no atendimento de questões privadas. O saudoso professor Orlando Gomes[7] prelecionava: "as regras do sistema jurídico de um povo diversificam-se conforme sua finalidade. Relações jurídicas travadas para a ordenação de interesses particulares disciplinam-se por disposições legais que podem ser agrupadas, como tradicionalmente se faz, sob a denominação genérica de Direito Privado".

Vale dizer, as normas do direito privado têm por escopo tutelar os interesses individuais dos seres humanos, bem como assegurar a coexistência das pessoas na sociedade, de modo a permitir a fruição dos bens. O direito privado biparte-se em direito civil e comercial.[8]

---

[3] DURKHEIM, Émile. *A educação moral*. 2. ed. Petrópolis/RJ: Vozes, 2012, p. 69.
[4] LIMA, Euzébio de Queiroz. *Princípios de sociologia jurídica*. 6. ed. Rio de Janeiro: Record, 1958, p. 239 e 263.
[5] SILVA, De Plácido e. *Vocabulário jurídico*. 26. ed. Rio de Janeiro: Forense, 2005, p. 475.
[6] BARROSO, Luís Roberto. *Curso de direito constitucional contemporâneo*. 2. ed. São Paulo: Saraiva, 2010, p. 57.
[7] GOMES, Orlando. *Introdução ao direito civil*. Atualizadores Edvaldo Brito e Reginalda Paranhos de Brito. 19. ed. Rio de Janeiro: Forense, 2008, p. 17.
[8] MEIRELLES, Hely Lopes. *Direito administrativo brasileiro*. 20 ed. São Paulo: Malheiros 1995, p. 26.

Sendo ramo da ciência jurídica, possui características e princípios próprios. Aqui são reguladas as relações entre os particulares concernentes ao seu próprio interesse. Também merecem destaque as chamadas "normas dispositivas", que são normas submetidas à ampla disposição das partes quanto ao conteúdo. Igualmente, sobressai a igualdade jurídica, sobrelevando-se a autodeterminação e proporcionando a autonomia privada.[9]

Por conseguinte, dada a sua importância e inerência à própria vida, as normas do direito privado permeiam as relações humanas desde o seu nascimento até a sua morte. Essas normas compõem o direito civil, que é a disciplina jurídica que trata da relação jurídica dos particulares entre si. Sobre, pontifica o saudoso professor Orlando Gomes:[10]

> O conceito de Direito Civil varia conforme o critério de distinção entre o Direito Público e o Privado. Para os que distinguem pela qualidade do sujeito da relação jurídica, o Direito Civil seria o conjunto de regras reguladoras das relações jurídicas particulares. Já para os que preferem o critério do conteúdo da relação seria o complexo de preceitos que disciplinam os interesses privados.

Para atingir tal desiderato, necessário que haja normas flexíveis, que permitam que as próprias partes regulem a si mesmas na relação jurídica aprazada. Assim, as obrigações privatísticas constituem expressão da liberdade individual, sendo regidas pelo Direito Civil.

Inúmeros direitos e deveres decorrem de *obrigações* erigidas pelos próprios sujeitos da relação jurídica, merecendo destaque o tema no direito civil, mormente quanto à sua caracterização doutrinária.

1.1 Obrigações no Direito Civil

1.1.1 Generalidades

"Obrigações" é tema inerente no ramo jurídico denominado direito civil, visto que as obrigações constituem espécie de relação entre as pessoas na consecução de seus objetivos. As finalidades que originam o vínculo obrigacional são diversas, de acordo com a época em que

---

[9] VENOSA, Sílvio de Salvo. *Introdução ao estudo do direito*. 2. ed. São Paulo: Atlas, 2007, p. 22 a 25.
[10] GOMES, Orlando. *Introdução ao direito civil*. 19. ed. Rio de Janeiro: Forense, 2008, p. 27.

forem entabuladas. Sem embargo, mesmo as variantes obrigacionais traduzem relacionamento jurídico entre os sujeitos para a satisfação de seus interesses.[11]

Conforme lição de Pothier, é da essência das obrigações três características básicas: i) a existência de uma causa ensejadora do nascimento da obrigação; ii) pessoas que contratam entre si; iii) alguma coisa estabelecida como objeto da contratação. "As causas das obrigações são os contratos, os quase contratos, os delitos, os quase delitos, algumas vezes a lei ou a simples equidade".[12]

Desse modo, a causa é o motivo que enseja a relação obrigacional, bem como o fundamento promovedor que impulsa o ato vinculativo entre as partes. A segunda característica do "direito das obrigações" se refere à composição das relações jurídicas, que contém estruturação *pessoal*. A esse respeito, no direito romano, as relações jurídicas oriundas das obrigações "eram mais estritamente pessoais do que hoje. O *vinculum iuris* prendia as pessoas do devedor e do credor, de modo que o objeto da prestação era secundário. O direito germânico foi que concorreu para essa deslocação dos pontos de ligação, caracterizando a pessoalidade do direito e das pretensões como relação entre sujeito ativo e passivo, porém sem a inserção da pessoa em si".[13] A vinculação pessoal entre os sujeitos da relação obrigacional era tamanha, que nos primórdios a efetividade da execução ocorria mediante o corpo físico do próprio devedor, como garantia do direito de crédito decorrente de obrigação entre as partes. A tábua terceira da Lei das XII Tábuas continha as seguintes previsões:[14]

> 6. Se não pagar e ninguém se apresentar como fiador, que o devedor seja levado para seu credor e amarrado pelo pescoço e pés com cadeias com peso máximo de 15 libras; ou menos, se assim o quiser o credor. 8. Se não houver conciliação, que o devedor fique preso por 60 dias, durante os quais será conduzido em três dias de feira ao *comitium*, onde ser proclamará, em altas vozes, o valor da dívida. 9. Se não muitos

---

[11] PLANIOL, Marcel. *Traité élémentaire de droit civil*. Troisième édition. Tome Deuxième. Paris: Librairie Générale de Droit et de Jurisprudence, 1949, p. 3.
[12] POTHIER, R. J. *Tratado de las obligaciones*. (Versión directa del Traité des Obligations de Robert Joseph Pothier, según la edición francesa de 1824). Buenos Aires: Editorial Atalaya, 1947, p. 11.
[13] PONTES DE MIRANDA. *Tratado de direito privado*. Parte especial. Tomo XXII. Direito das obrigações. São Paulo: Editora Revista dos Tribunais, 2012, p. 55-56.
[14] BUENO, Manoel Carlos. *Código de Hamurabi, Manual dos Inquisidores, Lei das XII Tábuas, Lei de Talião*. 2. ed. São Paulo: EDIJUR, 2018, p. 87-88.

os credores, será permitido, depois do terceiro dia de feira, dividir o corpo do devedor em tantos pedaços quantos sejam os credores, não importando cortar mais ou menos; se os credores preferirem poderão vender o devedor a um estrangeiro, além do Tibre.

Posteriormente houve evolução nas relações obrigacionais com a edição da *Lex Poetelia*, datada de 326 a.C., ocasião em que se consagrou a responsabilização patrimonial em vez da responsabilização corporal do devedor, promovendo a humanização nas relações civis.

Por último, a terceira característica básica do "direito das obrigações" refere-se à coisa objeto da relação jurídica proveniente de ato das partes ou do ordenamento jurídico. Ou seja, é a prestação a ser adimplida pelo devedor tendo como destinatário o credor.

Afora isso, outro elemento ínsito às obrigações consiste na autonomia da vontade, derivada da liberdade humana. Tal preceito enseja a liberdade contratual entre as partes na persecução dos próprios interesses, tendo força de lei a obrigação estabelecida.[15] A autonomia da vontade ostenta notoriedade sobretudo nos negócios jurídicos, ocasião em que as partes estabelecem o objeto, a forma e as condições constantes da pactuação firmada.

No que alude aos efeitos do vínculo pactuado, a obrigação enseja o surgimento de um direito de crédito que compete a uma pessoa – o credor – contra outra pessoa determinada – o devedor –, tendo por escopo a satisfação de um interesse digno de proteção. Os romanos definiam obrigação como: "*obligationum substantia non in eo consistit, ut aliquod corpus nostrum aut servitutem nostram faciat, sed ut alium nobis obstringat ad dandum aliquid vel faciendum vel praestandum (L. 3 p. D. De obl. et act. 44, 7); obligatio est juris vinculum, quo necessitate adstringimur alicujus solvendae rei secundum nostrae civitatis jura (pr. Inst. de obl. 3. 13)*".[16]

As obrigações constituem elemento ínsito nos negócios jurídicos, expressando pretensões pessoais. Dos negócios jurídicos nasce a pretensão que uma pessoa possa exigir de outra, consistente no *debitor*, para que "dê, faça, ou não faça, em virtude da relação jurídica só entre

---

[15] PLANIOL, Marcel. *Traité élémentaire de droit civil*. Troisième édition. Tome Deuxième. Paris: Librairie Générale de Droit et de Jurisprudence, 1949, p. 6.
[16] ENNECCERUS, Ludwig; KIPP, Theodor; WOLFF, Martín. *Tratado de derecho civil*. Segundo tomo – Derecho de obligaciones. Volumen primero. Doctrina general. Traduzido por Blas Pérez Gonzáles y José Alguer. Barcelona: Bosch, 1944, p. 1.

eles. A pretensão supõe o crédito; a obrigação, a dívida".[17] Desde os romanistas, entendia-se que a obrigação (*obligatio*) consistia no vínculo jurídico no qual o devedor é compelido a cumprir uma prestação. De forma geral, essa prestação deveria ostentar natureza econômica em favor de outrem.[18]

Nesse sentido, consoante lição de Vandick Londres da Nóbrega,[19] o elemento *debitum* "tem por objeto o *praestare debere* do devedor e o *habere* do credor", ao passo que a *obligatio* "tem por objeto uma pessoa ou uma coisa subordinada a um poder de que é titular o credor para que lhe seja assegurado o cumprimento do *debitum*".

Com espeque em Ludwig Ennecerus, o direito de crédito oriundo das obrigações se dirige contra uma *pessoa determinada* – o devedor –, que pode ser originário ou derivado. O devedor originário é aquele que se obrigara inicialmente ao pactuado. Por sua vez, o devedor derivado é o que de algum modo substitui o anterior, tornando-se o novo devedor da relação jurídica, a exemplo da assunção de dívida. Outra característica reside no fato de o devedor obrigar-se a uma *ação ou omissão*, sendo que o interesse privado do credor deveria permitir uma *apreciação pecuniária*.

Sem embargo, desde a época do direito romano havia exceções quanto à inarredável valoração em pecúnia da obrigação, garantindo-se proteção a outros interesses que fossem dignos de tutela, a exemplo do *interdictum quod vi aut clam*, que versava acerca da restauração de estátua, em área pública, que tivesse sido destruída ou menoscabada.[20] De igual modo, hodiernamente, verificam-se obrigações civis destituídas de caráter econômico. Exemplificadamente, julgado do Superior Tribunal de Justiça versando sobre direito de família, ocasião em que o pai fora condenado a pagar danos morais à filha, de quem não cuidara, ante o abandono afetivo.[21]

---

[17] PONTES DE MIRANDA. *Tratado de direito privado*. Parte Especial. Tomo XXII. Direito das obrigações. São Paulo: Editora Revista dos Tribunais, 2012, p. 56.
[18] MOREIRA ALVES, José Carlos. *Direito romano*. Vol. II. 2. ed. Rio de Janeiro: Forense, 1972, p. 11.
[19] NÓBREGA, Vandick Londres da. *História e sistema do direito privado romano*. 2. ed. São Paulo: Freitas Bastos, 1959, p. 317.
[20] ENNECCERUS, Ludwig; KIPP, Theodor; WOLFF, Martín. *Tratado de derecho civil*. Segundo tomo – Derecho de obligaciones. Volumen primero. Doctrina general. Traduzido por Blas Pérez Gonzáles y José Alguer. Barcelona: Bosch, 1944, p. 2-5.
[21] STJ. Superior Tribunal de Justiça. Terceira Turma. REsp 1.159.242-SP, Rel. Min. Nancy Andrighi, julgado em 24/4/2012. Informativo nº 0496.

Dando seguimento aos termos elementares, Cristiano Chaves e Nelson Rosenvald[22] conceituam obrigação como "a relação jurídica transitória, estabelecendo vínculos jurídicos entre duas diferentes partes (denominadas credor e devedor, respectivamente), cujo objeto é uma prestação pessoal, positiva ou negativa, garantido o cumprimento, sob pena de coerção judicial". Do conceito doutrinário chama a atenção o primeiro termo utilizado – "relação jurídica".

Segundo o civilista Orlando Gomes "a relação pode ser encarada sob dois aspectos. No primeiro, é o vínculo entre dois ou mais sujeitos de direito que obriga um deles, ou os dois, a ter certo comportamento. É, também, o poder direto de uma pessoa sobre determinada coisa. No segundo, é o quadro no qual se reúnem todos os efeitos atribuídos por lei a esse vínculo, ou a esse poder".[23] Outro aspecto elementar é a transitoriedade do pacto entre as partes. Vale dizer, o relacionamento jurídico derivado da obrigação entabulada possui natureza temporária, extinguindo-se com o atendimento da prestação firmada.[24]

Da relação jurídica sobressaem o vínculo/poder e os efeitos dela decorrente. O *vínculo* é a união, a ligação, o imbricamento. Já os efeitos são a consequência dessa relação. A relação jurídica obriga os sujeitos, jungindo-os ao estabelecido. Outro elemento constante da obrigação é o sujeito da relação jurídica. *Sujeito* é a pessoa obrigada, é o ser que assume a posição de credor ou devedor na respectiva relação obrigacional. Vale dizer, é quem tem o direito a receber (credor) e, de outra banda, quem deve prestar (devedor). O último elemento que compõe a obrigação é a *prestação*. Conceitualmente, a prestação é o objeto da relação jurídica. Isto é, consiste na coisa, no ato, na ação ou na omissão a ser desempenhada ou omitida. E "esse objeto (a prestação) pode ser positivo (dar ou fazer) ou negativo (não fazer) e consiste, invariavelmente, em uma conduta humana".[25] Por conseguinte, na relação obrigacional, o titular do direito

---

[22] CHAVES, Cristiano; ROSENVALD, Nelson. *Curso de direito civil*: 2 obrigações. 7. ed. Salvador: Juspodivm, 2013, p. 35.
[23] GOMES, Orlando. *Introdução ao direito civil*. Atualizadores Edvaldo Brito e Reginalda Paranhos de Brito. 19. ed. Rio de Janeiro: Forense, 2008, p. 86.
[24] PLANIOL, Marcel. *Traité élémentaire de droit civil*. Troisième édition. Tome Deuxième. Paris: Librairie Générale de Droit et de Jurisprudence, 1949, p. 639.
[25] CHAVES, Cristiano; ROSENVALD, Nelson. *Curso de direito civil*: 2 obrigações. 7. ed. Salvador: Juspodivm, 2013, p. 76.

pessoal é o credor, ao passo que o sujeito passivo é o devedor, ligado juridicamente à obrigação entabulada.[26]

Outrossim, a obrigação pode ter concepção personalista ou patrimonialista. A vertente personalista corresponde ao modelo primitivo do direito romano, caracterizado pela responsabilidade corporal do devedor. Já a concepção patrimonialista mostra-se consentâneo com modelo atual das obrigações, de modo que o devedor não responde mais pela dívida com a sua própria pessoa, mas sim responde com os seus bens, podendo ainda as obrigações serem transmitidas sem que necessariamente ocorra a novação.[27]

1.1.2 Responsabilidade (*haftung*) e débito (*schuld*)

Tema inerente às obrigações versa sobre os efeitos do vínculo jurídico entre as partes, exsurgindo os termos alemães *haftung* e *schuld*. *Haftung* significa "sujeição, responsabilidade ou afetação". Possui o sentido de submeter um objeto a agressão por parte do credor, facultando-se atingir o patrimônio do devedor. Trata-se de uma delimitação da dívida à qual está obrigado o devedor.[28] Tal fenômeno ocorre em caso de inadimplemento prestacional por parte do sujeito passivo. *Schuld* significa dívida, isto é, algo devido a outra pessoa.

Brinz afirmava que a obrigação se decompunha em dois elementos: débito (*schuld*) e responsabilidade (*haftung*). Esses elementos surgem em momentos diferentes, sendo o débito desde o início da obrigação, ao passo que a responsabilidade só posteriormente, no caso de o devedor descumprir a prestação avençada. Ademais, o débito não é coativo, podendo o devedor realizar ou não a prestação; ao passo que a responsabilidade é elemento coativo, visto que se o devedor não cumpre ao que se obrigara, surge para ele a responsabilidade em razão do inadimplemento. O débito e a responsabilidade podem se referir a pessoas diferentes, a um terceiro ou a uma só pessoa.[29]

---

[26] PLANIOL, Marcel. *Traité élémentaire de droit civil*. Troisième édition. Tome Deuxième. Obligations – Contrats – Sûretés réelles. Paris: Librairie Générale de Droit et de Jurisprudence, 1949, p. 1.
[27] MARTÍNEZ ALFARO, Joaquín. *Teoría de las obligaciones*. 2. ed. México: Editorial Porrúa. 1991. p. 10.
[28] ENNECCERUS, Ludwig; KIPP, Theodor; WOLFF, Martín. *Tratado de derecho civil*. Segundo tomo – Derecho de obligaciones. Volumen primero. Doctrina general. Traduzido por Blas Pérez Gonzáles y José Alguer. Barcelona: Bosch, 1944, p. 10.
[29] MOREIRA ALVES, José Carlos. *Direito romano*. Vol. II. 2. ed. Rio de Janeiro: Forense, 1972, p. 12.

Disso resulta que a prestação devida pelo devedor, correspondente ao débito, é denominada de prestação primária. Por sua vez, a responsabilidade é considerada como prestação secundária.[30] Havendo a característica do *schuld* e do *haftung* na mesma relação obrigacional, surge a denominada *"obrigação perfeita"*, porquanto existe a dívida e a possibilidade jurídica de cobrá-la mediante ação judicial, podendo-se atingir forçadamente o patrimônio do devedor. Em geral, as obrigações possuem essas duas características, até como forma de garantir o direito de crédito. Noutro giro, as *"obrigações imperfeitas"*, a despeito da existência de débito, são destituídas de pretensão judicial, haja vista serem inexigíveis juridicamente. Em que pese a inexistência de executividade jurídica, são exigíveis moralmente do devedor, na perspectiva social. Em razão disso que as obrigações imperfeitas são denominadas de obrigação natural, pois são oriundas de deveres das relações sociais entre as pessoas.[31]

Ademais, consoante lição de Pothier, as obrigações possuem dois significados. No sentido mais amplo, a "obrigação" é sinônimo de dever, compreendendo as obrigações perfeitas e as imperfeitas, conforme as diferenciações acima comentadas. Já na concepção mais restritiva, o vocábulo "obrigação" compreende somente as obrigações perfeitas, uma vez que são estas que permitem a exigibilidade jurídica de seu cumprimento.[32]

Assim, percebe-se que a obrigação é a relação jurídica (*obligatio*) entre os sujeitos que tem por objeto a prestação. Esses elementos estão correlacionados entre si, de modo a produzir os efeitos que lhe são inerentes. Dessa relação jurídica exsurge o débito e a responsabilidade, incorrendo consequências em caso de inadimplemento.

1.1.3 Cumprimento das obrigações – adimplemento

Quando uma obrigação é criada, a intenção natural é que ela seja cumprida, que seja satisfeita. Espera-se que ocorra no mundo dos

---

[30] COUTO E SILVA, Clóvis V. *A obrigação como processo*. Rio de Janeiro: Editora FGV, 2006, p. 83.
[31] ENNECCERUS, Ludwig; KIPP, Theodor; WOLFF, Martín. *Tratado de derecho civil*. Segundo tomo – Derecho de obligaciones. Volumen primero. Doctrina general. Traduzido por Blas Pérez Gonzáles y José Alguer. Barcelona: Bosch, 1944, p. 12-13.
[32] POTHIER, R. J. *Tratado de las obligaciones*. Versión directa del *Traité des Obligations* de Robert Joseph Pothier, según la edición francesa de 1824. Buenos Aires: Editorial Atalaya, 1947, p. 7.

fatos aquilo que foi projetado juridicamente pela lei ou pela vontade das partes. Nesse sentido, a obrigação afigurar-se-ia como um processo, sendo a relação jurídica um "sistema de processos" que tem por escopo o adimplemento – a satisfação do interesse do credor.[33] Isso ocorre porque a obrigação possui uma finalidade, um interesse subjacente. E quando não ocorre a satisfação desse interesse juridicamente tutelado, lesiona-se o direito do credor, ocorrendo o inadimplemento obrigacional.

Em outras palavras, o adimplemento é a razão de ser das obrigações em geral. Ora, não se firmaria uma avença se não se acreditasse que a outra parte fosse cumprir o acordo conforme fora pactuado anteriormente. A expectativa legítima das partes é que cada uma seja adimplente com a obrigação, honrando com o ajuste entabulado. Nesse passo, sobreleva elemento fundante, consistente na *confiança*. Na lição de De Plácido e Silva, o vocábulo deriva "do verbo latino *confidere* (confiar em, fiar-se)", tendo o sentido de "crédito ou convicção relativa à idoneidade de uma pessoa".[34] Desse modo, a confiança é inerente ao desenvolvimento das relações negociais, sendo necessário que cada parte contratual acredite na outra, a fim de permitir o próprio tráfego jurídico.

Dessa forma, o cumprimento obrigacional ocorre com o adimplemento (*solutio*), realizando a finalidade da obrigação, satisfazendo-a e liberando o devedor. "A expressão latina '*solutio*' alude a desfazimento de ligação. Solvendo, o devedor solvia e liberava-se: '*me solvo liberoque*' (Gaio, III, 174). A liberação era eficácia do ato jurídico da *soluti*".[35] Por conseguinte, o vocábulo *solutio* significa solução, caracterizando o adimplemento, o pagamento. Seis teorias principais surgiram em torno do adimplemento, identificando-o como: "a) negócio jurídico às vezes bilateral, outras vezes unilateral; b) negócio jurídico necessariamente bilateral; c) ato jurídico *stricto sensu*; d) apenas ato-fato jurídico; e) apenas fato jurídico; f) ato devido".[36]

Igualmente, Enneccerus assinala que o cumprimento alude ao *solutio*, que "significava, em sua origem, a dissolução pelo devedor do vínculo obrigatório, entretanto, mais tarde foi limitada, em sentido

---

[33] COUTO E SILVA, Clóvis V. *A obrigação como processo*. Rio de Janeiro: Editora FGV, 2006, p. 167.
[34] SILVA, De Plácido e. *Vocabulário jurídico*. 26. ed. Rio de Janeiro: Forense, 2005, p. 341.
[35] PONTES DE MIRANDA. *Tratado de direito privado*. Tomo XXIV. Direito das obrigações. São Paulo: Editora Revista dos Tribunais, 2012, p. 142-144.
[36] PONTES DE MIRANDA. *Tratado de direito privado*. Tomo XXIV. Direito das obrigações. São Paulo: Editora Revista dos Tribunais, 2012 p. 146.

estrito, ao cumprimento". O cumprimento da obrigação resulta na extinção da prestação devida.[37]

Com efeito, o cumprimento da obrigação enseja a extinção do vínculo jurídico entre o devedor e o credor, gerando o fim da relação obrigacional respectiva. Consoante lição de Clóvis V. Couto e Silva, o "adimplir determina o afastamento, a liberação, e na etimologia da palavra *solutio* surpreende-se vigorosamente essa ideia. *Solutio, solvere* tem o significado de cortar as cadeias, libertar-se".[38]

Na perspectiva comparada, o Código Civil Alemão dispõe que a relação obrigacional é extinta quando a prestação devida é efetuada ao credor, realizando-se a finalidade imanente da avença entre as partes. O art. 362 possui o seguinte termo:[39] *"La relación obligatoria se extingue cuando la prestación debida es efectuada ao acreedor"*.

Como fora dito, o cumprimento da obrigação é o escopo da própria avença inicialmente firmada entre as partes, sendo a entrega integral da prestação o ponto nevrálgico. Para o direito romano, a consequência ínsita da relação obrigacional "é a rigorosa satisfação do seu objeto – a prestação". Consectariamente, o devedor somente se desoneraria do vínculo obrigacional se efetuasse toda a prestação devida.[40] Quando o devedor cumpre a obrigação, encerra a relação de transitoriedade que é ínsita ao vínculo, já que o escopo é o cumprimento prestacional.[41]

Por sua vez, o vocábulo *adimplemento* consiste no cumprimento, atendimento e satisfação da obrigação posta. O adimplemento se dá quando o devedor entrega ao credor a prestação decorrente da relação jurídica, ocorrendo, assim, o cumprimento da obrigação. Portanto, a obrigação é reputada adimplida quando o devedor realiza a obrigação à qual se vinculara, cumprindo o previamente estabelecido ou a prestação imposta pelo ordenamento jurídico (responsabilidade extracontratual).

---

[37] ENNECCERUS, Ludwig; KIPP, Theodor; WOLFF, Martín. *Tratado de derecho civil*. Segundo tomo – Derecho de obligaciones. Volumen primero. Doctrina general. Traduzido por Blas Pérez Gonzáles y José Alguer. Barcelona: Bosch, 1944, p. 298-299.

[38] COUTO E SILVA, Clóvis V. *A obrigação como processo*. Rio de Janeiro: Editora FGV, 2006, p. 43.

[39] *Código Civil Aleman (BGP)*. Traducción directa del alemán al castellano acompañada de notas aclaratorias, com indicación de las modificaciones habidas hasta el año 1950 por Carlos Melon Infante. Barcelona: Bosch, 1955, p. 76.

[40] MOREIRA ALVES, José Carlos. *Direito romano*. Vol. II. 2. ed. Rio de Janeiro: Forense, 1972, p. 42.

[41] MOREIRA ALVES, José Carlos. *Direito romano*. Vol. II. 2. ed. Rio de Janeiro: Forense, 1972, p. 83.

Dito isso, o adimplemento consiste na satisfação do compromisso realizado, de forma a cortar as amarras, romper o vínculo entre o credor e o devedor, ficando este liberto dos efeitos da obrigação firmada. Afastam-se as consequências do descumprimento, como o pedido de resolução do contrato, as perdas e os danos, os juros, a atualização monetária e os honorários advocatícios, conforme estabelecido no art. 389 do Código Civil.

Outrossim, o cumprimento da obrigação é elemento fundamental não só no mundo jurídico, como também nas relações sociais. A boa-fé nas relações civis gera a presunção de cumprimento da obrigação estabelecida pelas próprias partes. É cediço que o inadimplemento gera consequências prejudiciais ao capital investido, ao tráfego de bens e serviços, além de gerar insegurança jurídica e econômica. Sobressai em importância o cumprimento das obrigações decorrentes das relações jurídicas, de modo que as projeções produzam seus efeitos esperados, protegendo-se a confiança legítima das partes.

Avançando-se na seara do cumprimento das obrigações civis, afigura-se útil a análise sobre o adimplemento substancial, mormente como modalidade de atendimento significativa da obrigação pactuada.

1.2 Adimplemento substancial

Adimplemento substancial é tema que não é tratado com profundidade pelos teóricos do direito civil de 1916. Na verdade, o parágrafo único do art. 1.092 do CC/1916 facultava à parte lesada pelo inadimplemento o direito de requerer a rescisão do contrato com perdas e danos. O texto continha a seguinte redação: "a parte lesada pelo inadimplemento pode requerer a *rescisão* do contrato com perdas e danos". Por conseguinte, a lei civil de 1916 adotava o pensamento clássico da ruptura do vínculo contratual, isto é, a própria rescisão, caso a obrigação não fosse prestada em sua inteireza pelo devedor.

Mesmo o art. 1.056 do CC/1916 não continha a figura do adimplemento substancial, uma vez que, não cumprida a obrigação, o devedor respondia com perdas e danos. Como consequência, a relação jurídica não era mantida, mas sim assegurava-se ao credor o direito à reparação derivada do inadimplemento.[42] Todavia, de forma embrionária, parte

---

[42] MONTEIRO. Washington de Barros. *Curso de direito civil*. Direito das obrigações 1ª parte. 5. ed. São Paulo, Saraiva, 1968, p. 363.

da doutrina, a exemplo de Orlando Gomes, conferia interpretação sistemática e teleológica a diversos artigos do Código Civil de 1916, propugnando que o juiz avaliasse o grau de inadimplemento para decidir sobre a resolução ou não do contrato.[43]

A teoria do adimplemento substancial é estudada pela doutrina e pela jurisprudência, não sendo prevista expressamente no código civil de 2002, sendo fruto de interpretação teleológica. Isso, porque "foi o Código Civil italiano de 1942 o diploma que de maneira expressa consagrou legalmente o dever ao aplicador de avaliar, em casos de resolução contratual, a gravidade do inadimplemento, posteriormente acompanhado pela legislação portuguesa e pelo direito alemão". Consectariamente, quando da elaboração do Código Civil pátrio de 1916, "não havia parâmetro em diplomas nos quais se baseou a legislação brasileira a permitirem que o legislador contemplasse a ideia do adimplemento substancial".[44]

Isso ocorre porque, para o direito civil tradicional, é a entrega da prestação estabelecida que caracteriza o adimplemento da obrigação. No caso das obrigações de valor, é o pagamento que extingue a dívida, nos termos do art. 304 do Código Civil de 2002. Na literalidade do art. 313 do Código Civil: "o credor não é obrigado a receber prestação diversa da que lhe é devida".

Assim, é a entrega da prestação que extingue a respectiva obrigação. Se houver pagamento, extingue-se a obrigação. Não havendo o pagamento do valor estabelecido, reputar-se-á o devedor como inadimplente, sujeitando-se às consequências dela decorrentes. Dispõe o art. 389 do Código Civil: "não cumprida a obrigação, responde o devedor por perdas e danos, mais juros e atualização monetária segundo índices oficiais regularmente estabelecidos, e honorários de advogado".

Nesse passo, surge a temática do adimplemento substancial. A questão posta em exame é: o que significa adimplemento substancial? Esse adimplemento substancial é considerado como pagamento e, consequentemente, meio hábil para extinguir a obrigação, inclusive a penal tributária?

Essas perguntas serão respondidas a seguir.

---

[43] GOMES, Orlando. *Contratos*. 8. ed. Rio de Janeiro: Forense, 1981, p. 204-206.
[44] AMARAL, Luiz Fernando Prudente do. *Contrato e teoria do adimplemento substancial*. São Paulo: Foco, 2019, p. 95.

1.2.1 Origem e conceito do adimplemento substancial

Como exposto anteriormente, o adimplemento consiste na entrega da prestação devida ao credor, ensejando a extinção da relação obrigacional com fulcro no atendimento à finalidade contratual avençada. O vocábulo *adimplir* alude à ideia de cumprir, satisfazer a obrigação. Em razão do cumprimento da prestação, a relação jurídica e os seus sucedâneos legais são extintos, libertando-se o devedor das amarras obrigacionais.

De outra banda, o vocábulo *substancial* provém do latim *substantialis*, significando etimologicamente aquilo que é essencial, efetivo, material, predominante. Por sua vez, a expressão *substancial performance* "vem do direito anglo-saxônico, referindo-se ao cumprimento contratual de acordo com a natureza e a finalidade econômicas do contrato – as partes não perderão de vista que devem realizar suas obrigações de acordo com a substância do contrato".[45]

Dito isso, para entender a finalidade e a extensão de um instituto jurídico, afigura-se útil mencionar, ainda que minimamente, a causa ensejadora da sua origem, mormente quando não há amparo legal expresso. Esclarecedora é a lição de Luiz Amaral:[46]

> A teoria do adimplemento substancial teve origem no século XVIII na Inglaterra. Sua construção de seu em razão da atividade das Cortes inglesas a partir da aplicação do sistema da *equity*. Por meio desta, possível na *common law* – embora dela distinta –, buscou-se amenizar o rigor contratual decorrente do caráter absoluto dos contratos, a fim de adequá-los a fatos que ocorriam na dinâmica contratual e que produziam resultados tidos por injustos pela comunidade e pelas Cortes judiciais inglesas. Esse foi o berço da denominada doutrina da *substantial performance* conhecida no Brasil como teoria do adimplemento substancial.

Assim, a teoria do adimplemento substancial surgiu na Inglaterra, no século XVIII, ante o rigor excessivo da formalidade estrita, bem como o caráter absolutista dos contratos, que provocavam grave injustiça. Exemplo de decisão iníqua é o caso de *Cutter v. Powell*, no ano de 1795. *Cutter* partiu no dia 02 de agosto de 1793 de Kingston, Jamaica, para trabalhar de imediato no navio com destino à Liverpool, com chegada

---

[45] SILVA, De Plácido e. *Vocabulário jurídico*. 26. ed. Rio de Janeiro: Forense, 2005, p. 1335.
[46] AMARAL, Luiz Fernando Prudente do. *Contrato e teoria do adimplemento substancial*. São Paulo: Foco, 2019, p. 86-87.

prevista para 09 de outubro do mesmo ano. Não obstante, Cutter morreu a bordo no navio, em pleno mar, no dia 20 de setembro. Sua viúva pleiteou o pagamento de salário referente aos dias trabalhados, mas o Tribunal entendeu que *Cutter* não cumpriu a obrigação de servir como imediato de Kingston a Liverpool, visto que fora estipulado que sua remuneração seria pelo total da viagem, sendo que completá-la era *condition* para seu pagamento. Consectariamente, *Cutter* não teria direito a nada, a nenhum salário pelos dias de serviços prestados, porquanto não trabalhara até chegar a Liverpool.[47]

Decisões desse viés afrontam os princípios mais basilares da Justiça. Em razão disso, as *Cortes da Equity* estabeleceram a doutrina da *substancial performance*, em conformidade do princípio da boa-fé objetiva. Inverteu-se a atenção do julgador, que deixou de superestimar a inexecução contratual para avaliar a execução realizada, de modo a identificar se ela satisfazia substancialmente a totalidade da obrigação avençada, a despeito de sua imperfeição.[48]

Com fundamento na *substancial performance*, diferenciava-se os tipos de cláusulas contratuais e as consequências decorrentes. Distinguia-se as obrigações em "dependentes" *(condition)* e "independentes" *(warranties)*. As primeiras tinham a característica da interdependência, estando umbilicalmente ligadas às obrigações correlatas à avença. Por sua vez, as "obrigações independentes escapariam à reciprocidade contratual", não haveria essa vinculação entre as diversas cláusulas, pois seriam secundárias, acessórias. Haja vista essas últimas cláusulas ostentarem o caráter de acessoriedade, havendo descumprimento, não ensejaria a postulação da exceção de não cumprimento.[49] Analise Becker assevera:

> As *conditions* são cláusulas essenciais, constituindo a própria substância do contrato, cujo cumprimento é imprescindível à manutenção do sinalagma. As *warranties*, por sua vez, correspondendo àquelas 'obrigações independentes', estão em uma segunda ordem de importância e seu descumprimento, portanto, não afeta o equilíbrio contratual

---

[47] BECKER, Anelise. A doutrina do adimplemento substancial no direito brasileiro e em perspectiva comparativista. *Revista da Faculdade de Direito da Universidade Federal do Rio Grande do Sul*. V. 9. N. 1. Nov. 1993, p. 62.

[48] BECKER, Anelise. A doutrina do adimplemento substancial no direito brasileiro e em perspectiva comparativista. *Revista da Faculdade de Direito da Universidade Federal do Rio Grande do Sul*. V. 9. N. 1. Nov. 1993, p. 63.

[49] BECKER, Anelise. A doutrina do adimplemento substancial no direito brasileiro e em perspectiva comparativista. *Revista da Faculdade de Direito da Universidade Federal do Rio Grande do Sul*. V. 9. N. 1. Nov. 1993, p. 61 e 62.

(*consideration*). Cabia às partes determinarem no contrato o que configuraria uma *condition* e sua vontade seria lei para os juízes em virtude do princípio da autonomia da vontade.

A doutrina[50] cita julgamento histórico sobre a aplicação da teoria da *substancial performance* no direto inglês oriundo do caso *Boone versus Eyre* (1777). O caso retrata a distinção entre as obrigações dependentes e independentes. Fundamentalmente, a síntese da controvérsia

> teve por objeto um contrato no qual o autor (Boone) traditaria uma fazenda e seus escravos, ao passo que o réu (Eyre) pagaria o preço de 500 libras, bem assim prestações anuais de 160 libras, em caráter perpétuo. Boone alienou a propriedade, mas não tinha direitos de transferir os escravos. Eyre, em um típico caso de *exceptio non adimpleti contractus*, sobrestou o pagamento das prestações anuais. Ao decidir o caso, Lord Mansfield entendeu que o comprador não poderia deixar de pagar a prestação avençada, pois a obrigação de dar a coisa (os escravos) não seria uma condição precedente (*condition precedent*) em face da obrigação de pagar as prestações anuais perpétuas. No caso das obrigações dependentes, o cumprimento de uma obrigação é *condition precedent* para o nascimento da outra obrigação. Em suma, a entrega dos escravos qualificava obrigação secundária, não podendo ensejar a resolução do contrato, cabendo-lhe apenas reivindicar a reparação por perdas e danos.

Esse julgamento paradigmático mostrou significativo avanço na relação contratual à época. Ficou assentada a impossibilidade de resolução do contrato por descumprimento de obrigação secundária, que não guarde relação com o escopo principal da avença entabulada pelas partes. Caberia à parte prejudicada pleitear as perdas e os danos decorrentes do descumprimento secundário, mas não resolver todo o contrato.

Na lição de Clóvis Couto e Silva, o adimplemento substancial (*substancial performance*) significa um "adimplemento tão próximo do resultado final, que, tendo-se em vista a conduta das partes, exclui-se o direito de resolução, permitindo tão somente o pedido de indenização".[51]

---

[50] FERREIRA, Antônio Carlos. A interpretação da doutrina do adimplemento substancial. *Revista de Direito Civil Contemporâneo*. vol. 18. ano 6. p. 38. São Paulo: Ed. RT, jan.-mar. 2019
[51] COUTO E SILVA, Clóvis. O princípio da boa-fé no direito brasileiro e português. *In*: FRADERA, Véra Maria Jacob de (org.). *O direito privado brasileiro na visão de Clóvis do Couto e Silva*. Porto Alegre: Livraria do Advogado, 1997, p. 45.

O adimplemento substancial é marcado pela característica da quase inteireza prestacional, motivo pelo qual é afastado o direito de resolver o contrato. Se em razão do inadimplemento mínimo fosse albergado ao credor o direito de resolver toda a relação contratual – gerando todas as suas consequências – configurar-se-ia ato desproporcional. Outrossim, proporcionaria ao credor *enriquecimento sem causa*. Na precisão terminológica de Ludwig Enneccerus, a figura do "enriquecimento sem causa" significa um enriquecimento injusto, visto que "surge para um sujeito às expensas de outro, apesar de ser conforme o direito vigente, pode aparecer como injustificado ou, como também se disse, sem causa, se considerado que a finalidade última é a regulação justa e equitativa das relações patrimoniais". O enriquecimento sem causa tem como requisitos basilares o "enriquecimento às expensas de outro" e a "falta de uma causa que justifique o enriquecimento".[52]

Para evitar a ocorrência deste fenômeno em prejuízo à boa-fé objetiva e ao equilíbrio das relações contratuais, a teoria do adimplemento substancial oferece respostas que atendem aos critérios de Justiça. Isso, porque o princípio da boa-fé objetiva constitui valor a ser observado nas relações obrigacionais, afigurando-se "um modelo ou instituto jurídico indicativo de (i) uma estrutura normativa dotada de prescritividade; (ii) um cânone de interpretação dos contratos e (iii) um *standard* comportamental".[53] Forte nessas razões, a aplicação do princípio da boa-fé objetiva rechaça o fenômeno do enriquecimento sem causa, de modo a robustecer a conservação da relação jurídica e, por conseguinte, a teoria do adimplemento substancial.

Outrossim, a aplicação da teoria do adimplemento substancial promove a manutenção dos contratos e a própria segurança jurídica das relações entabuladas pelas partes, garantindo equilíbrio ao evitar a danosidade da ruptura contratual em razão de incumprimento mínimo da obrigação.

Tendo em vista que o elemento ínsito do adimplemento substancial é a quase totalidade da prestação realizada pelo devedor, impende mencionar quais os critérios utilizados para identificar se a prestação foi ou não entregue em sua quase inteireza. Em razão disso, há que se

---

[52] ENNECCERUS, Ludwig; KIPP, Theodor; WOLFF, Martín. *Tratado de derecho civil*. Segundo Tomo – Derecho de obligaciones. Volumen segundo. Doctrina especial. Traduzido por Blas Pérez Gonzáles y José Alguer. Barcelona: Bosch, 1944, p. 566-580.
[53] MARTINS-COSTA, Judith. *A boa-fé no direito privado* – critérios para a sua *aplicação*. São Paulo: Marcial Pons, 2015, p. 40.

perquirir se o devedor incidiu em "inadimplemento fundamental" ou "adimplemento substancial":[54]

> Quando o inadimplemento é fundamental, o essencial da prestação não foi cumprido, pelo que, não foram atendidos os interesses do credor, facultando-se-lhe a resolução do negócio. (...) De outro lado, quando o adimplemento é substancial, foi cumprido aquilo que era essencial na relação obrigacional e, por isso, satisfeitos os interesses do credor.

Nesse caso, o credor poderá pleitear a diferença que não foi satisfeita integralmente, a despeito de a avença manter-se indene. Percebe-se que a satisfação ou não do interesse do credor é que determinará a caracterização do "adimplemento substancial" ou "inadimplemento fundamental" da obrigação.

Infelizmente, não há critério objetivo previamente estabelecido para determinar o adimplemento substancial do contrato. Por isso, os tribunais ingleses e norte-americanos adotam três condições para identificar o adimplemento substancial, expostas a seguir:[55]

> A *primeira* delas é a proximidade entre o efetivamente realizado e aquilo que estava previsto no contrato (insignificância do inadimplemento). A *segunda*, é que a prestação imperfeita satisfaça os interesses do credor (satisfação do interesse do credor). A *terceira* (questionável se considerar-se o adimplemento substancial apenas sob uma ótica objetivista) refere-se ao esforço, diligência do devedor em adimplir integralmente (diligência por parte do devedor). (Grifo nosso)

Como visto, o adimplemento substancial possui as características da proximidade com a prestação avençada; a satisfação do interesse do credor – malgrado o não cumprimento total da obrigação – e a tentativa de adimplemento pelo devedor. Esses elementos que identificam o adimplemento substancial sobressaem, visto que, ante a ausência normativa expressa sobre o referido instituto, a elucidação doutrinária clarifica e identifica requisitos mínimos para a sua aplicação no meio jurídico.

---

[54] BECKER, Anelise. A doutrina do adimplemento substancial no direito brasileiro e em perspectiva comparativista. *Revista da Faculdade de Direito da Universidade Federal do Rio Grande do Sul*. V. 9. N. 1. Nov. 1993, p. 61

[55] BECKER, Anelise. A doutrina do adimplemento substancial no direito brasileiro e em perspectiva comparativista. *Revista da Faculdade de Direito da Universidade Federal do Rio Grande do Sul*, v. 9. nº 1, nov. 1993, p. 63-64.

Assente-se que a característica marcante do adimplemento substancial consiste no fato de a prestação ofertada pelo devedor ser tão próxima ao que fora avençado inicialmente, que finda gerando a satisfação do credor do ponto de vista finalístico. Ocorre a satisfação do credor quando a prestação se mostrar útil ao credor, isto é, "sempre que ela seja capaz de suprir a sua necessidade e dar-lhe o proveito que visa a obter com o contrato. Dessa forma, a prestação será útil quando for apta a atingir o fim almejado".[56] Necessário verificar se a prestação quase integral atingiu o escopo almejado na relação jurídica, ou seja, indagar "se o cumprimento não-integral ou imperfeito alcançou ou não a função que seria desempenhada pelo negócio jurídico em concreto".[57]

Por último, também se verifica o esforço anímico pelo devedor na tentativa do cumprimento total da obrigação, isto é, a intenção do agente ao envidar os esforços necessários para atingir a satisfação da prestação aprazada. Tal perspectiva pode ser dialogada com o dever de colaboração entre as partes, corolário do princípio da boa-fé objetiva, permitindo "mensurar e qualificar a conduta devida", ou seja, "a maneira pela qual a conduta deve ser desenvolvida com vistas ao adequado adimplemento".[58] Em outras palavras, o esforço demonstrado pelo agente revela a conduta proba de cumprir a obrigação, isto é, a vontade objetiva de adimplir, sendo esta ação valorada e louvável.

1.2.2 Fundamento principiológico do adimplemento substancial no Código Civil de 2002

Como dito alhures, o adimplemento substancial é fruto de construção doutrinária e jurisprudencial. Sua utilização decorre da aplicação de princípios estatuídos pelo diploma civilista de 2002. O novo código civil adota princípios[59] que irradiam sobre os negócios jurídicos, a exemplo da socialidade, eticidade e a operabilidade. Como corolários desses novos preceitos no código civil, decorre a aplicação

---

[56] COGO, Rodrigo Barreto. *A frustração do fim do contrato*: o impacto dos fatos supervenientes sobre o programa contratual. Rio de Janeiro: Renovar, 2012, p. 225.
[57] SCHREIBER, Anderson. A tríplice transformação do adimplemento: adimplemento substancial, inadimplemento antecipado e outras figuras. *Revista Trimestral de Direito Civil*, v. 32, p. 20-21, 2007.
[58] MARTINS-COSTA, Judith. A boa-fé objetiva e o adimplemento das obrigações. *Revista Brasileira de Direito Comparado*, v. 25, 2004, p. 252-253.
[59] CHAVES, Cristiano; ROSENVALD, Nelson. *Curso de direito civil:* 2 obrigações. 7. ed. Salvador: Juspodivm, 2013, p. 21.

do princípio da boa-fé objetiva – derivada da eticidade – e a função social do contrato – advinda da socialidade.[60]

A aplicação do princípio da boa-fé promove verdadeira harmonia no direito privado, afastando o rigorismo formal do positivismo, abrindo as "janelas para o ético".[61] Isso, porque o princípio da boa-fé refere-se a "um modelo de comportamento, um *standard* valorativo de concretos comportamentos humanos. Esse *standard* considera modelar justamente um agir pautado por certos valores socialmente significativos, tais como a solidariedade, a lealdade, a probidade, a cooperação e a consideração aos legítimos interesses alheios".[62] O princípio da boa-fé é garantido normativamente, conforme disposições do código civilista. Especificamente, o art. 421 do Código Civil de 2002 dispõe: "a liberdade contratual será exercida nos limites da função social do contrato". Igualmente, o art. 422 consigna: "os contratantes são obrigados a guardar, assim na conclusão do contrato, como em sua execução, os princípios de probidade e boa-fé".

Defluem do diploma civilista princípios que permeiam a relação contratual entre as partes, estabelecendo a exigência social de conduta proba, correta, honesta. Clóvis V. do Couto e Silva já discursava sobre o princípio da boa-fé, o qual considerava como um mandamento de conduta que engloba todos os participantes do vínculo obrigacional, a ponto de estabelecer um elo de cooperação em prol da finalidade objetiva a que almejam.[63]

A aplicação da teoria do adimplemento substancial consiste em mecanismo que evita o exercício abusivo de direito pelo credor – ao extrapolar o direito subjetivo à rescisão contratual – quando caracterizado o inadimplemento mínimo, insignificante em face do conjunto da obrigação prestada como um todo. A proibição do abuso de direito é corolário do princípio da boa-fé objetiva, que limita o exercício extrapolador das faculdades jurídicas. Ruy Rosado Aguiar Júnior pontifica:[64]

---

[60] AMARAL, Luiz Fernando Prudente do. *Contrato e teoria do adimplemento substancial*. São Paulo: Foco, 2019, p. 100.
[61] COUTO E SILVA, Clóvis V. *A obrigação como processo*. Rio de Janeiro: Editora FGV, 2006, p. 42.
[62] MARTINS-COSTA, Judith. A boa-fé objetiva e o adimplemento das obrigações. *Revista Brasileira de Direito Comparado*, v. 25, 2004, p. 233.
[63] COUTO E SILVA, Clóvis V. *A obrigação como processo*. Rio de Janeiro: Editora FGV, 2006, p. 33.
[64] AGUIR JÚNIOR, Ruy Rosado de. *Extinção dos contratos por incumprimento do devedor*. 2. ed. Rio de Janeiro: AIDE, 2004, p. 253.

A segunda principal função do princípio da boa-fé é limitadora: veda ou pune o exercício de direito subjetivo, quando caracterizar "abuso da posição jurídica". O exemplo mais significativo é o da proibição do exercício do direito de resolver o contrato por inadimplemento ou de suscitar a exceção de contrato não cumprido, quando o incumprimento é insignificante em relação ao contrato total. O princípio do adimplemento substancial, derivado da boa-fé, exclui a incidência da regra legal que permite a resolução quando não observada a integralidade do adimplemento.

A vedação ao abuso de direito decorre da regra moral que interdita a intenção maliciosa de alguma das partes. Reprime-se a fraude, a má-fé, rechaçando-se causa imoral ou ilícita que caracteriza abuso de direito. Assim, a vedação ao abuso de direito funda-se na socialização das Ciências Jurídicas, reduzindo-se o exercício de faculdades subjetivas/ prerrogativas individuais em prol do interesse da coletividade. Por conseguinte, proíbe-se o abuso de poder materializado no exercício ilícito de direitos, contrário ao bem-estar social.[65]

Registre-se que a vedação legal ao abuso de direito é norma expressa no ordenamento jurídico. Os contratantes não podem exceder o exercício normal do direito contratual, sendo proscrito o abuso de direito, sob pena de cometimento de ato ilícito, nos termos do artigo 187 da lei civilista: "também comete ato ilícito o titular de um direito que, ao exercê-lo, excede manifestamente os limites impostos pelo seu fim econômico ou social, pela boa-fé ou pelos bons costumes".

Disso resulta que não pode ser pleiteada a resolução do contrato quando a outra parte tiver cumprido substancialmente com sua obrigação e lhe impor sanções severas, como se houvesse inadimplido totalmente na relação jurídica. Ratificar tal conduta configurar-se-ia enriquecimento sem causa, também vedado pelo código civil brasileiro: "Art. 884. Aquele que, sem justa causa, se enriquecer à custa de outrem, será obrigado a restituir o indevidamente auferido, feita a atualização dos valores monetários". Desse modo, afigura-se necessário impor regras que vedem o enriquecimento ilícito de uma parte em face de prejuízo imposto à outra.

Ademais, ao longo do tempo adveio a necessidade de flexibilizar certos rigorismos do direito privado, sobretudo nas relações

---

[65] PLANIOL Marcel; RIPERT, Georges. *Traité pratique de droit civil français*. Tome VI. Obligations. 2ª édition. Paris: Librairie Générale de Droit et de Jurisprudence, 1952, p. 799-803.

obrigacionais. A constitucionalização do direito civil pela Carta Magna de 1988 foi um divisor de águas no direito civil. Estudo específico[66] discorre sobre os novos valores insertos no direito civil:

> O fenômeno normativo não exaure a interpretação e aplicação do direito, impondo-se aferições de natureza ético-jurídica. A eticidade se torna fator essencial na regulamentação das relações jurídicas, sendo elas públicas ou privadas.
> O direito não é mais um campo onde há predomínio da objetividade estrita da norma. A norma demanda interpretação e esta se dá a partir da apreciação dos fatos e valores sociais.

Atento a essas mudanças, a jurisprudência materializou tais princípios nas relações obrigacionais, reconhecendo expressamente a teoria do adimplemento substancial, decorrente da ética, da boa-fé objetiva e dos valores sociais. A consolidação jurisprudencial, quanto à teoria do adimplemento substancial, foi de tal modo expressiva que inclusive foram publicados enunciados do âmbito da justiça federal. Exemplificadamente, o Enunciado nº 361 do Conselho da Justiça Federal/STJ, oriundo da IV Jornada de Direito Civil, declarando que "o adimplemento substancial decorre dos princípios gerais contratuais, de modo a fazer preponderar a função social do contrato e o princípio da boa-fé objetiva, balizando a aplicação do art. 475". Igualmente, o Enunciado nº 586 do Conselho da Justiça Federal/STF, decorrente da VII Jornada de Direito Civil, decidiu que "para a caracterização do adimplemento substancial (tal qual reconhecido pelo Enunciado 361 da IV Jornada de Direito Civil – CJF), levam-se em conta tanto aspectos quantitativos quanto qualitativos".

Portanto, a teoria do adimplemento substancial possui amparo normativo e jurisprudencial, apresentando-se de maneira consolidada no ordenamento jurídico pátrio.

1.2.3 Consequências da adoção da teoria do adimplemento substancial

Indagação oportuna exsurge no que tange aos efeitos da adoção do princípio da *substancial performance*. Após profícuo estudo, com espeque

---

[66] AMARAL, Luiz Fernando Prudente do. *Contrato e teoria do adimplemento substancial*. São Paulo: Foco, 2019, p. 45.

em abalizada doutrina,[67] os efeitos jurídicos decorrentes da aplicação da teoria do adimplemento substancial são os seguintes:

> *Manutenção da relação contratual*. No caso de adimplemento substancial, há um adimplemento bom o suficiente para satisfazer o interesse do credor, pelo que não há comprometimento da comutatividade. Haverá, isto sim, com a resolução. Eventuais diferenças serão remediadas através de *indenização*. (...) Cabe perdas e danos. A parte inadimplente nunca pode lucrar por sua inadimplência e à outra nunca pode ser permitido perder por isso. Esse ressarcimento pode-se dar através de compensação, se a contraprestação divisível ainda não foi realizada ou, se já o foi ou for indivisível, mediante o pagamento de quantia suficiente para a reequiparação. (...) Pedido de adimplemento. Cabe ao credor, independentemente do ressarcimento dos prejuízos sofridos em razão do cumprimento inexato, o *pedido de adimplemento* da parte faltante, se tal for possível. (Grifo nosso)

Posto isso, são três os efeitos decorrentes da aplicação da teoria do adimplemento no direito civil, quais sejam: a continuidade da relação contratual; a facultatividade de o credor pleitear perdas e danos e, por fim, a possibilidade de suscitar o cumprimento da parcela faltante da obrigação.

Tais consequências ostentam significativa relevância no âmbito contratual, uma vez que permitem a manutenção do vínculo contratual, malgrado o descumprimento de parte mínima da obrigação avençada pelo devedor. Sem embargo, facultar-se-á ao credor exigir o restante da obrigação não cumprida, evitando o enriquecimento sem causa pela parte contrária e a consequente desestabilização nas relações contratuais. O Superior Tribunal de Justiça[68] possui jurisprudência consolidada:

> Assim, tendo ocorrido um adimplemento parcial da dívida muito próximo do resultado final, daí a expressão "adimplemento substancial", limita-se o direito do credor, pois a resolução direta do contrato mostrar--se-ia um exagero, uma demasia. Dessa forma, fica preservado o direito de crédito, limitando-se apenas a forma como pode ser exigido pelo

---

[67] BECKER, Anelise. A doutrina do adimplemento substancial no direito brasileiro e em perspectiva comparativista. *Revista da Faculdade de Direito da Universidade Federal do Rio Grande do Sul*, v. 9, n. 1, nov. 1993, p. 65-66.

[68] STJ. Superior Tribunal de Justiça. Terceira Turma – REsp 1.200.105-AM, Rel. Min. Paulo de Tarso Sanseverino, julgado em 19/6/2012. Informativo nº 0500 Período: 18 a 29 de junho de 2012.

credor, que não pode escolher diretamente o modo mais gravoso para o devedor, que é a resolução do contrato. Dessarte, diante do substancial adimplemento da avença, o credor poderá valer-se de meios menos gravosos e proporcionalmente mais adequados à persecução do crédito remanescente, mas não a extinção do contrato.

1.2.4 Adimplemento substancial no direito comparado

A análise da teoria do adimplemento substancial comparativamente aos outros países demonstra a robustez e a consolidação desse princípio nas relações obrigacionais oriundas do direito civil.

O *direito italiano* adotou o adimplemento substancial ao estabelecer que não haverá resolução contratual se o descumprimento for de pouca importância, em relação ao interesse da outra parte. O art. 1.455 do Código Civil Italiano dispõe:

> Art. 1455 Importanza dell'inadempimento
> Il contratto non si può risolvere se l'inadempimento di una delle parti ha scarsa importanza, avuto riguardo all'interesse dell'altra (1522 e seguenti, 1564 e seguente, 1668, 1901).

O descumprimento será reputado de escassa importância quando se verificar a preservação do equilíbrio contratual e a economia da relação obrigacional, a despeito do incumprimento parcial. A gravidade do inadimplemento é verificada de maneira objetiva no momento do descumprimento obrigacional, desconsideradas as modificações negativas *a posteriori*.[69]

O *direito português* também alberga a teoria do adimplemento substancial ao vedar ao credor a resolução do vínculo obrigacional quando o descumprimento parcial for de pouca importância e atender ao seu interesse. O 802º, 2 do Código Civil Português contém os seguintes termos: "2. O credor não pode, todavia, resolver o negócio, se o não cumprimento parcial, atendendo ao seu interesse, tiver escassa importância".

Com relação ao *direito francês*, mesmo antes da existência de dispositivo expresso, já se aplicava efeitos semelhantes à referida

---

[69] FERREIRA, Antônio Carlos. A interpretação da doutrina do adimplemento substancial. *Revista de Direito Civil Contemporâneo*, vol. 18. ano 6. p. 42. São Paulo: Ed. RT, jan.-mar. 2019.

teoria mediante atividade jurisprudencial.[70] Recentemente, em 10 de fevereiro de 2016, houve alteração no art. 1184 do Código Civil Francês,[71] de modo a consolidar a teoria da *substancial performance* quando o descumprimento não afetar elemento determinante estabelecido pelas partes, assegurando-se a manutenção do contrato, impedindo a resolução abusiva:

> *Article 1184 (Modifié par Ordonnance n°2016-131 du 10 février 2016 – art. 2)*
> *Lorsque la cause de nullité n'affecte qu'une ou plusieurs clauses du contrat, elle n'emporte nullité de l'acte tout entier que si cette ou ces clauses ont constitué un élément déterminant de l'engagement des parties ou de l'une d'elles.*
> *Le contrat est maintenu lorsque la loi répute la clause non écrite, ou lorsque les fins de la règle méconnue exigent son maintien.*
> Tradução livre:
> Quando a causa da nulidade afeta apenas uma ou mais cláusulas do contrato, ela não invalida todo o ato, a menos que esta ou estas cláusulas tenham constituído um elemento determinante do compromisso das partes ou de uma das partes.
> O contrato é mantido quando a lei considera a cláusula não escrita, ou quando os fins da regra ignorada exigem sua manutenção.

Igualmente, o *direito alemão* adota a teoria do adimplemento, vedando a resolução do contrato por descumprimento mínimo, em razão da boa fé. O Código Civil Alemão de 1950 (BGP) já defendia o princípio da boa-fé no comportamento entre as partes, nos termos do art. 242: "*El deudor está obligado a efectuar la prestación como exigen la fidelidad y la buena fe en atención a los usos del tráfico*".[72]

Afora isso, ao credor não era facultado recusar o recebimento da contraprestação oferecida pelo devedor, caso o descumprimento fosse proporcialmente insignificante, conforme os princípios da fidelidade e da boa-fé entre as partes. Aludido preceito decorria da inteligência do art. 320, que dispunha da seguinte redação: "*Si ha sido cumplida*

---

[70] BECKER, Anelise. *A doutrina do adimplemento substancial no direito brasileiro e em perspectiva comparativista*. Revista da Faculdade de Direito da Universidade Federal do Rio Grande do Sul. V. 9. N. 1. Nov. 1993, p. 67.

[71] FRANÇA. Répubteque Française. *LegiFrance.gouv.fr. Le service public de la diffusion du droit.* Disponível em: https://www.legifrance.gouv.fr/affichCodeArticle.do;jsessionid=93FFF38751A8061873FF90A7E50A308F.tplgfr31s_1?idArticle=LEGIARTI000032041210&cidTexte=LEGITEXT000006070721&dateTexte=2020010. Acesso em: 04 jan. 2020.

[72] *Código Civil Aleman (BGP)*. Traducción directa del alemán al castellano acompañada de notas aclaratorias, com indicación de las modificaciones habidas hasta el año 1950 por Carlos Melon Infante. Barcelona: Bosch, 1955, p. 51.

parcialmente la prestación por una parte, la contraprestación no puede ser negada, siempre que la negativa, según las circunstancias, en especial a causa de la proporcional insignificancia de la parte atrasada, fuese contraria a la fidelidad y a la buena fe".[73]

Consigne-se ainda a reforma no direito civil alemão em 2002, que previu a figura do adimplemento substancial no item 5 da seção 323, vedando ao credor a resolução do contrato ante o inadimplemento mínimo:[74]

> *(5) Hat der Schuldner eine Teilleistung bewirkt, so kann der Gläubiger vom ganzen Vertrag nur zurücktreten, wenn er an der Teilleistung kein Interesse hat. Hat der Schuldner die Leistung nicht vertragsgemäß bewirkt, so kann der Gläubiger vom Vertrag nicht zurücktreten, wenn die Pflichtverletzung unerheblich ist".*

Tradução livre:
(5) Se o devedor tiver efetuado uma execução parcial, o credor somente poderá se retirar de todo o contrato se não tiver interesse na execução parcial. Se o devedor não tiver prestado o serviço em conformidade com o contrato, o credor não poderá se retirar do contrato se a violação do dever for insignificante.

Prosseguindo no estudo comparativo, o *direito espanhol* propugna que o contrato seja mantido, exigindo-se o descumprimento significativo como elemento ensejador da resolução da avença, explicitando Becker: "também na Espanha há uma marcada tendência para a manutenção do vínculo contratual, pois exige-se, para o êxito da ação resolutiva, um incumprimento substancial".[75]

Com fulcro nessas razões, o art. 1258 do Código Civil Espanhol[76] dispõe que: *"los contratos se perfeccionan por el mero consentimiento, y desde*

---

[73] *Código Civil Aleman (BGP)*. Traducción directa del alemán al castellano acompañada de notas aclaratorias, com indicación de las modificaciones habidas hasta el año 1950 por Carlos Melon Infante. Barcelona: Bosch, 1955, p. 67.

[74] ALEMANHA. *Bundesministerium der Justiz und für Verbraucherschutz - Bundesamt für Justiz. Bürgerliches Gesetzbuch (BGB)*. Disponível em: https://www.gesetze-im-internet.de/bgb/__323.html. Acesso em: 10 mar. 2020.

[75] BECKER, Anelise. A doutrina do adimplemento substancial no direito brasileiro e em perspectiva comparativista. *Revista da Faculdade de Direito da Universidade Federal do Rio Grande do Sul*, v. 9. n. 1, nov. 1993, p. 67.

[76] ESPANHA. Boletín Oficial del Estado. Legislación Consolidada. Ministerio de Gracia y Justicia – *Real Decreto de 24 de julio de 1889 por el que se publica el* Código Civil. Disponível em: https://www.boe.es/buscar/pdf/1889/BOE-A-1889-4763-consolidado.pdf. Acesso em: 10 mar 2020.

entonces obligan, no sólo al cumplimiento de lo expresamente pactado, sino también a todas las consecuencias que, según su naturaleza, sean conformes a la buena fe, al uso y a la ley". Corroborando, o art. 1294 estabelece: *"La acción de rescisión es subsidiaria; no podrá ejercitarse sino cuando el perjudicado carezca de todo otro recurso legal para obtener la reparación del perjuicio"*.

A seu turno, o *direito japonês*[77] contém disposição generalista a respeito, quando no art. 1º, alínea 2 do seu Código Civil estabelece que as obrigações devem ser exercidas e executadas com boa-fé e lealdade:

> O Código Civil japonês, o Minpô, com a redação dada em 1947:
> Artigo 1º alínea 2: O exercício dos direitos e a execução das obrigações são coisas que devem ser feitas de boa fé e com lealdade.

No âmbito sul-americano, o *direito argentino* previu implicitamente a *substancial performance* no art. 1.198 do seu Código Civil, assegurando a permanência do contrato entabulado pelas partes, face ao princípio da boa-fé objetiva:[78]

> Na Argentina, em vista da boa fé objetiva (artigo 1.198 do Código Civil), também nem todo descumprimento origina a resolução do contrato, apenas aquele que o impede de lograr o fim tutelado pelo ordenamento jurídico e proposto pelos interessados ao utilizá-lo.

Por fim, na *esfera internacional* das relações contratuais, o art. 25 da Convenção das Nações Unidas sobre Contratos de Compra e Venda Internacional de Mercadorias – Uncitral[79] dispõe acerca do adimplemento substancial nos seguintes termos:

> A violação ao contrato por uma das partes é considerada como essencial se causar à outra parte prejuízo de tal monta que substancialmente a prive do resultado que poderia esperar do contrato, salvo se a parte

---

[77] FRADARA, Vera Maria Jacob de. *A boa fé objetiva, uma noção presente no conceito alemão, brasileiro e japonês de contrato*. MIGALHAS – 1º de julho de 2008. Disponível em: https://www.migalhas.com.br/dePeso/16,MI63650,101048A+boa+fe+objetiva+uma+nocao+presente+no+conceito+alemao+brasileiro+e. Acesso em: 26 nov. 2021.

[78] BECKER, Anelise. A doutrina do adimplemento substancial no direito brasileiro e em perspectiva comparativista. *Revista da Faculdade de Direito da Universidade Federal do Rio Grande do Sul*, v. 9. n. 1, nov. 1993, p. 67.

[79] BRASIL. Decreto nº 8.327, de 16 de outubro de 2014. *Convenção das Nações Unidas sobre Contratos de Compra e Venda Internacional de Mercadorias – Uncitral*, firmado em Viena, em 11 de abril de 1980.

infratora não tiver previsto e uma pessoa razoável da mesma condição e nas mesmas circunstâncias não pudesse prever tal resultado.

Ultrapassados breves apontamentos sobre o direito privado, teoria das obrigações e aspectos do adimplemento substancial, cabe perscrutar acerca de eventual aplicabilidade da teoria da *substancial performance* no âmbito das obrigações do direito tributário e nos crimes tributários, tema de fundo do estudo em comento.

Para tanto, no próximo capítulo do livro adotar-se-á a mesma metodologia aqui traçada, concernente aos institutos basilares do direito público, do direito tributário e dos delitos tributários, bem como sobre a repercussão no direito financeiro.

Após essas questões elementares, será possível confrontar ambos os ramos do direito na solução da temática proposta: a eventual aplicação da teoria do adimplemento substancial nos crimes tributários.

CAPÍTULO 2

DIREITO PÚBLICO

No primeiro capítulo do estudo, analisou-se o direito privado, as obrigações atinentes a esse ramo jurídico e o instituto do adimplemento no direito civil. Agora, cabe avaliar o *direito público*, as obrigações oriundas da relação entre o Estado e o contribuinte, notadamente as obrigações do direito tributário.

Esse caminho é necessário para dialogar em seguida com os crimes tributários e as hipóteses de extinção da punibilidade por delitos dessa natureza, objeto do presente estudo. Desse modo, poder-se-á comparar as diferenças entre as obrigações do direito civil e as obrigações do direito público, de modo a conferir uma resposta metodologicamente jurídica.

Antes de adentrar o tema das obrigações no âmbito do direito público, fundamental identificar previamente as características elementares desse essencial ramo do Direito: o "direito público". A nomenclatura *direito público* constitui disciplina recorrente na seara jurídica, mormente por se tratar de matéria alusiva aos interesses do Estado.

Considerando tal premissa, na perspectiva filosófica de Kant, direito público refere-se ao conjunto de leis destinadas à regulação da sociedade concernentes ao *status civilis*, aos direitos políticos, à coisa pública, aos poderes estatais, aos governantes, isto é, temática concernente à relação do indivíduo com o Estado. Nesse ramo, prevalece a supremacia estatal, chamada de "potencia (*potentia*) em relação aos cidadãos que são por elas subordinados".[80]

Na visão sociológica de Durkheim, o direito público pode ser compreendido como os fins perseguidos pelos homens que "concernem a algo diferente do indivíduo que age", sendo chamados de fins que

---

[80] KANT, Immanuel. *A metafísica dos costumes*. 2. ed. Barueri/SP, EDIPRO, 2008, p. 153-159.

aludem a "ações impessoais", isto é, refere-se aos outros indivíduos, tendo por objeto a sociedade como um todo. Desse modo, tem por escopo um "interesse coletivo".[81]

Para a sociologia jurídica, conforme o magistério de Euzébio Queiros Lima, o direito público contém a característica basilar de que o "Estado é o fim supremo", utilizando-se da autoridade pública. Normativamente, pode ser considerado como "conjunto de princípios de direito que asseguram os interesses da coletividade e traçam a linha divisional entre esses interesses e os dos indivíduos".[82]

No magistério do professor De Plácido e Silva, *direito público* consiste no "conjunto de leis, elaboradas para regularem os interesses de ordem coletiva, ou seja, precipuamente, a organização das instituições políticas de um país, as relações dos poderes públicos entre si, e destes com os elementos particulares, não quando encarregados isoladamente, mas como membros da coletividade, e na defesa os interesses da coletividade". A consequência é que a norma de direito público regula interesse do próprio Estado, "seja para impor um princípio de caráter político e soberano, seja para administrar os negócios públicos, seja para defender a sociedade, que se indica o próprio alicerce do poder público".[83]

Na lição de Luís Roberto Barroso, o direito público traduz-se no regime jurídico fundado na soberania estatal, no princípio da legalidade e na supremacia do interesse público. "A autoridade pública só pode adotar, legitimamente, as condutas determinadas ou autorizadas pela ordem jurídica".[84]

Com fulcro em José Afonso da Silva, conceitualmente direito público[85] consiste na unidade estrutural que compõe ramo da ciência jurídica, tendo como subdivisões, entre outros: o direito constitucional, o direito financeiro, o direito tributário, o direito processual, o direito penal etc.

---

[81] DURKHEIM, Émile. *A educação moral*. 2. ed. Petrópolis/RJ: Vozes, 2012, p. 69 e 72.
[82] LIMA, Euzébio de Queiroz. *Princípios de sociologia jurídica*. 6. ed. Rio de Janeiro: Record, 1958, p. 239, 245 e 263.
[83] SILVA, De Plácido e. *Vocabulário jurídico*. 26. ed. Rio de Janeiro: Forense, 2005, p. 475-476.
[84] BARROSO, Luís Roberto. *Curso de direito constitucional contemporâneo*. 2. ed. São Paulo: Saraiva, 2010, p. 57.
[85] SILVA, José Afonso. *Curso de direito constitucional positivo*. 9. ed. São Paulo: Malheiros, 1994, p. 35.

Sendo assim, o ramo jurídico denominado "direito público" trata da normatização dos interesses estatais e sociais, cuidando somente de maneira reflexa da conduta individual.[86] Disso resulta que o direito público regula as relações do Estado com outros entes com poder de autoridade, bem como das normas com os seus cidadãos. Especificamente, cuida da normatização das matérias que devam ser disciplinadas sob o interesse do Estado, estabelecendo o conteúdo jurídico respectivo e só atuando com prévio fundamento no ordenamento jurídico, em respeito ao princípio da legalidade e da supremacia do interesse público.

Por ser ramo da ciência jurídica, possui características e princípios próprios. Aspecto fundamental é que as normas possuem o caráter de "cogência ou obrigatoriedade" – não podendo os destinatários dispor de forma diferente do estabelecido. Característica fundamental é que as normas de direito público são emanadas pelo Estado quando exerce sua soberania, oriundas do poder de império.[87] Ocorre o fenômeno da cogência das normas estatais pelo fato de que as normas de direito público são destinadas à própria sociedade, na regulação objetiva dos valores sociais em prol do bem comum, isto é, da coletividade.

Assim, as normas do direito público versam sobre o Estado na relação com outros entes de igual nível (aspecto objetivo), bem como na relação com seus cidadãos que compõem a referida unidade política (aspecto subjetivo).

Daí percebe-se o caráter transcendente de normas de profunda envergadura e impacto social. Para atingir o escopo normatizador e estrutural da sociedade, necessária a utilização de normas impositivas, coercitivas, indisponíveis pela vontade dos interessados. Caso contrário, tal normatização seria inócua, não alcançando efetividade.

Exemplo da impositividade normativa se verifica nos ramos das disciplinas que compõem as obrigações impostas pelo direito público. Ora, considerando a normatividade impositiva do direito público, da referida relação exsurgem obrigações de diversas ordens. Como exemplo, as obrigações do direito tributário, que serão analisadas a seguir.

---

[86] MEIRELLES, Hely Lopes. *Direito administrativo brasileiro*. 20 ed. São Paulo: Malheiros 1995, p. 26.
[87] VENOSA, Sílvio de Salvo. *Introdução ao estudo do direito*. 2. ed. São Paulo: Atlas, 2007, p. 22 a 25.

2.1 Obrigações no Direito Tributário

É cediço que o direito tributário integra o ramo *direito público*, disciplinado por normas gerais – a exemplo da Constituição Federal de 1988 –, bem como por normas específicas, como o Código Tributário Nacional entre outras leis.

Elemento fundante do direito tributário é a obrigação tributária, tema tratado na doutrina, legislação e jurisprudência, sendo objeto de vários estudos. Considerando a tecnicidade e relevância da matéria, será apreciada no tópico a seguir.

2.1.1 Obrigação tributária

No Direito os termos jurídicos são utilizados com sentido próprio, configurando sentido específico. Assim, mostra-se útil socorrer-se aos estudos realizados pela doutrina, com o escopo de identificar precisamente o respectivo conceito e sua abrangência.

Para o professor Carlos Mersán, "obrigação tributária é o vínculo jurídico em virtude do qual um sujeito (devedor) deve dar a outro sujeito que atua exercitando o poder tributário (credor) somas em dinheiro ou quantidades de coisas determinadas por lei".[88] De acordo com Leandro Paulsen,[89] "a relação tributária é uma relação obrigacional cujo objeto é uma prestação pecuniária. Num dos polos, está o devedor; no outro, o credor". Esse conceito trata da razão de ser da obrigação tributária, que é o dever de pagar tributo, consistindo na *obrigação principal* (art. 113, §1º, CTN). Não obstante, há também a *obrigação acessória*, que se refere ao dever de prestações positivas ou negativas, de interesse da arrecadação ou fiscalização dos tributos (art. 113, §2º, CTN).

Com efeito, a obrigação tributária é o vínculo jurídico entre o sujeito passivo (devedor) e o sujeito ativo (pessoa jurídica de direito público), cuja prestação pode ser *principal*, consistente em pagamento de dinheiro, ou *acessória*, consistente em prestação positiva ou negativa. Em outras palavras, o objeto prestacional na obrigação tributária poder ser a entrega de pecúnia (dinheiro) ou prestações positivas ou negativas (fazer/não fazer). Pertinente é a observação do professor Luciano Amaro,

---

[88] MERSÁN, Carlos A. *Direito tributário*. 2. ed. Tradução de Dejalma de Campos. São Paulo: Editora Revista dos Tribunais, 1988, p. 17.

[89] PAULSEN, Leandro. *Direito Tributário* – Constituição e Código Tributário à luz da doutrina e jurisprudência. 16. ed. Porto Alegre: Livraria do Advogado, 2014, p. 998.

ao informar que o objeto prestacional da relação tributária consiste em dar, fazer, não fazer de conteúdo atinente à tributo. Isto é, o objeto da obrigação demonstra sua natureza tributária.[90]

De fato, a obrigação tributária assemelha-se às obrigações oriundas do direito civil, conforme exposição feita na seção anterior. Isso, porque ambas possuem o trinômio: sujeitos, relação jurídica e prestação. Como visto, há uma relação obrigacional entre as partes, tendo por objeto uma prestação, seja no âmbito do direito privado, seja no direito público.

Em que pesem as semelhanças, as relações obrigacionais decorrentes do direito privado e do direito público não se confundem. Genericamente, ambas as obrigações possuem similitudes. Entretanto, do ponto de vista substancial e formal, ambas as relações jurídicas não são iguais. A primeira diferença é que no direito civil as partes em geral possuem ampla liberdade de se autovincularem à obrigação. Exemplo dessa liberdade manifesta-se sobretudo nos contratos. É ampla a liberdade de contratar e o seu respectivo objeto, nos termos do Código Civil (art. 421 e 425). O direito civil é caracterizado pelo princípio da autonomia da vontade, perfectibilizando-se o contrato com o consentimento das partes, de modo que, conforme lição de Planiol, "o contrato, por sua natureza, exala liberdade".[91]

Noutro giro, a obrigação tributária decorre de lei imposta pelo Estado. O princípio da legalidade tributária é tão essencial, que possui assento na Constituição Federal (art. 150, I) e no Código Tributário Nacional (art. 9º, I). É uma garantia do cidadão frente ao poder estatal. A edição de lei na criação ou majoração de tributo é relevante, visto que é a lei que define a hipótese de incidência e a obrigação correspondente[92] (aspecto material, espacial, temporal, pessoal e quantitativo).

Isso quer dizer: a obrigação tributária não se origina do voluntarismo dos sujeitos envoltos na relação jurídica subjacente – como no direito civil. Ao contrário, o seu nascimento exsurge da impositividade estatal. Em outras palavras, a obrigação de natureza tributária não decorre da vontade das partes, mas sim deriva da lei, porquanto emana do poder *ius imperium* do Estado. Na lição de Ernst Blumenstein, o

---

[90] AMARO, Luciano. *Direito tributário brasileiro*. 16. ed. São Paulo: Saraiva, 2010, p. 271.
[91] PLANIOL, Marcel; RIPERT, Georges. *Traité pratique de droit civil français*. Tome VI. Obligations. 2ª édition. Paris: Librairie Générale de Droit et de Jurisprudence, 1952, p. 19.
[92] PAULSEN, Leandro. *Curso de direito tributário completo*. 9. ed. São Paulo: Saraiva, 2018, p. 201.

fundamento jurídico da obrigação tributária possui natureza *ex lege*, pois deriva da lei.[93]

Outro fato distintivo é quanto aos sujeitos da relação jurídica. É cediço que no direito civil os contratos contêm a característica da relatividade, atingindo as partes atinentes à avença.[94] Noutro giro, na relação jurídica tributária ocorre uma ampliação subjetiva passiva pelo próprio Estado na forma da lei. Isso, porque a lei obriga ao cumprimento da obrigação tributária tanto o contribuinte como o responsável tributário, como estabelece o art. 121 do CTN:

> Sujeito passivo da obrigação principal é a pessoa obrigada ao pagamento de tributo ou penalidade pecuniária. Parágrafo único. O sujeito passivo da obrigação principal diz-se: I – contribuinte, quando tenha relação pessoal e direta com a situação que constitua o respectivo fato gerador; II – responsável, quando, sem revestir a condição de contribuinte, sua obrigação decorra de disposição expressa de lei.

Essa é uma notável distinção entre a obrigação do direito civil e a obrigação do direito público, no caso, a obrigação tributária. Assim, na relação jurídica tributária, o próprio Estado, que é sujeito ativo (credor), alarga os sujeitos responsáveis pelo cumprimento da prestação de pagar tributo. Diferentemente do direito civil, em que são os sujeitos da relação obrigacional quem predeterminam a abrangência subjetiva, isto é, as pessoas que ficarão submetidas a satisfazer o objeto da avença (prestação).

A obrigação tributária também diverge no que tange à natureza da prestação a ser satisfeita. No direito civil, os objetos, as coisas, as promessas – e até mesmo a omissão – podem constituir a prestação, ou seja, o objeto da relação obrigacional a ser cumprida pelas partes. Todavia, na *obrigação tributária principal*, a prestação consiste no pagamento do tributo, que se dá por meio do dinheiro. Sendo assim, a obrigação principal aqui é muito restrita se comparada às incomensuráveis hipóteses que podem ser objeto de tratativas no direito civil.

---

[93] BLUMENSTEIN, Ernst. *Sistema di diritto dele imposte*. Trad. Francesco Forte. Milano: Dott. A. Giuffrè, 1954, p. 9-10.
[94] MOREIRA ALVES, José Carlos. *Direito romano*. Vol. II. 2. ed. Rio de Janeiro: Forense, 1972, p. 120-122.

2.1.2 Tributo

Na relação jurídica tributária, o *tributo* é o principal objeto a ser prestado pelo devedor na obrigação com o ente federado. Em outras palavras, no vínculo obrigacional passivo entre pessoa e o Estado, o pagamento do tributo é a forma basilar de cumprimento prestacional. Na lição de Paulo de Barros Carvalho,[95] o vocábulo *tributo* pode significar seis aspectos, quais sejam: "quantia em dinheiro"; "prestação correspondente ao dever jurídico do sujeito passivo"; "direito subjetivo do sujeito ativo"; "relação jurídica tributária"; "norma jurídica tributária"; por fim, "norma, fato e relação jurídica". Especificamente, Ernst Blumenstein[96] assinala que a locução "tributo" consiste na prestação em dinheiro que o Estado exige dos sujeitos econômicos que lhe estão submetidos em razão da soberania territorial. Nessa esteira, a doutrina majoritária[97] conceitua tributo como:

> (...) prestações em dinheiro exigidas compulsoriamente, pelos entes políticos, de quem revela capacidade contributiva ou que se relacione direta ou indiretamente a atividade estatal específica, com vistas à obtenção de recursos para o financiamento geral do Estado ou para o financiamento de atividade ou fins realizados e promovidos pelo Estado ou por terceiros no interesse público.

Com a tributação, estabelece-se um "novo fato no conjunto dos fenômenos econômicos de uma comunidade", transferindo-se dinheiro das mãos de particulares para a economia pública.[98]

Atualmente adota-se a classificação quinquipartida[99] das espécies tributárias, porquanto são cinco as espécies tributárias estabelecidas pela Constituição Federal de 1988, quais sejam: imposto, taxa, contribuição de melhoria, empréstimo compulsório e contribuições especiais.

O conceito legal de tributo é insculpido no art. 3º do Código Tributário Nacional: "Tributo é toda prestação pecuniária compulsória,

---

[95] CARVALHO, Paulo de Barros. *Curso de direito tributário*. 24. ed. São Paulo: Saraiva, 2012, p. 51.
[96] BLUMENSTEIN, Ernst. *Sistema di diritto dele imposte*. Trad. Francesco Forte. Milano: Dott. A. Giuffrè, 1954, p. 3.
[97] PAULSEN, Leandro. *Direito tributário* – Constituição e Código Tributário à luz da doutrina e jurisprudência. 16. ed. Porto Alegre: Livraria do Advogado, 2014, p. 735.
[98] NAHARRO MORA, José María. *Lecciones de hacienda pública*. (Principios generales). 3. ed. Madrid: Marsiega, 1952, p. 125.
[99] PAULSEN, Leandro. *Curso de direito tributário completo*. 9. ed. São Paulo: Saraiva, 2018, p. 52.

em moeda ou cujo valor nela se possa exprimir, que não constitua sanção de ato ilícito, instituída em lei e cobrada mediante atividade administrativa plenamente vinculada". A definição legal de tributo feita pela lei não é isenta de críticas, haja vista que para a doutrina, não cabe à lei conceituar institutos. Em que pese a censura doutrinária, o legislador o fez como forma de evitar controvérsias entre os juristas, por isso definiu normativamente o conceito de tributo.[100] Do conceito legislativo de tributo extraem-se considerações importantes. A primeira é que "tributo é prestação pecuniária compulsória", ou seja, é uma prestação de pagamento de natureza obrigatória. Não consiste em uma omissão, ou obrigação de fazer ou até mesmo em entregar coisa imóvel por exemplo. Ademais, a obrigação de pagamento do tributo devido constitui exigência impositiva, não podendo o sujeito passivo, por si só, afastar-se desta obrigatoriedade de adimplemento – ressalvadas as exceções previstas em lei. Disso resulta a inexistência de facultatividade em seu não cumprimento pelo devedor. Outrossim, o pagamento deve ser feito em dinheiro, não podendo o cumprimento da prestação ocorrer mediante prestação de serviços ou outra forma diversa, exemplificadamente.

Outra intelecção deveras importante é que tributo não constitui sanção de ato ilícito. Isto é, a obrigação de pagar tributo não é ato punitivo estatal, mas sim decorre da necessidade de as pessoas contribuírem com dinheiro para a consecução das inúmeras atividades de incumbência do Estado. Afora isso, o tributo somente pode ser exigido após o atendimento de requisitos constitucionais, notadamente a observância da reserva legal ou da legalidade estrita, em razão do princípio da legalidade tributária. Lei aqui em sentido estrito, literal.[101] Por conseguinte, dispositivo normativo diverso da lei em sentido estrito não pode instituir tributos, a exemplo de portarias, resoluções ou convenções entre partes.

Outrossim, marcante característica resulta no fato de a cobrança de tributo ser atividade na qual a administração tributária é obrigada a realizar, não tendo os seus agentes discricionariedade, mas devendo cumprir com seu dever legal como servidor público. Essa indeclinável cobrança, decorrente da obrigação tributária, se dá porque a atividade

---

[100] MACHADO, Hugo de Brito. *Curso de direito tributário*. 31. ed. São Paulo: Malheiros, 2010, p. 61-61.
[101] SILVA, José Afonso da. *Curso de direito constitucional positivo*. 9. ed. São Paulo: Malheiros, 1994, p. 602.

administrativa de constituição do crédito tributário ocorre com o lançamento, sendo este de natureza vinculada e obrigatória, sob pena de responsabilidade funcional, nos termos do parágrafo único do art. 142 do CTN.

Diversamente, o objeto da obrigação no direito civil pode ser dispensado pelo credor, sendo uma liberalidade. Como exemplo, temos o instituto da remissão, que consiste no perdão da dívida concedido ao devedor em razão da autonomia da vontade do credor.[102] A remissão da dívida, sendo aceita pelo devedor, extingue a obrigação entre as partes, conforme o art. 385 do CC.

2.1.3 Crédito tributário

Corolário da obrigação tributária, exsurge a figura do crédito tributário. Genericamente, o vocábulo *crédito* significa o direito atribuído ao credor, dirigindo-se à pessoa do devedor, para que ele entregue a prestação devida.[103] Na seara tributarista, Hugo de Brito Machado[104] conceitua *crédito tributário* como o "vínculo jurídico, de natureza obrigacional, por força do qual o Estado (sujeito ativo) pode exigir do particular, o contribuinte ou responsável (sujeito passivo) o pagamento do tributo ou da penalidade pecuniária (objeto da relação obrigacional)".

Paulo de Barros Carvalho[105] define *crédito tributário* como o "direito subjetivo de que é portador o sujeito ativo de uma obrigação tributária e que lhe permite exigir o objeto prestacional, representado por uma importância em dinheiro". Na lição de Leandro Paulsen, o sintagma "crédito tributário" significa o "direito subjetivo de que é portador o sujeito ativo de uma obrigação tributária e que lhe permite exigir o objeto prestacional, representado por uma importância em dinheiro".[106]

Assim, deflui que crédito tributário é o direito de a pessoa jurídica de direito público exigir o pagamento de tributo ante a existência da

---

[102] MACHADO, Costa. Organizador. CHINELLATO, Silmara Juny. Coordenadora. *Código Civil interpretado* – Artigo por artigo, parágrafo por parágrafo. 7. ed. Barueri, SP: Manole, 2014, p. 326.
[103] PONTES DE MIRANDA. *Tratado de direito privado*. Parte Especial. Tomo XXII. Direito das obrigações. São Paulo: Editora Revista dos Tribunais, 2012, p. 56.
[104] MACHADO, Hugo de Brito. *Curso de direito tributário*. 31. ed. São Paulo: Malheiros, 2010, p. 181.
[105] CARVALHO, Paulo de Barros. *Curso de direito tributário*. 24. ed. São Paulo: Saraiva, 2012, p. 436.
[106] PAULSEN, Leandro. *Direito tributário* – Constituição e Código Tributário à luz da doutrina e jurisprudência. 16. ed. Porto Alegre: Livraria do Advogado, 2014, p. 1139.

relação obrigacional tributária. O art. 139 do CTN dispõe: "o crédito tributário decorre da obrigação principal e tem a mesma natureza desta". Registre-se que o crédito tributário é constituído pelo lançamento, sendo este procedimento administrativo obrigatório e de natureza vinculada, que verifica a existência do fato gerador, a matéria tributária, o montante devido, o sujeito passivo e, se for o caso, propõe a aplicação de penalidade, na literalidade do art. 142 do CTN.

Destarte, crédito tributário não se confunde com obrigação tributária.[107] Ora, o crédito tributário se origina da obrigação tributária, sendo consequência desta última. Nesse sentido, "obrigação tributária" é termo mais amplo, consistindo em relação jurídica entre o sujeito passivo e o ativo, havendo a necessidade de prestação, sendo este último o objeto da relação obrigacional. Noutra via, o "crédito tributário" é produto dessa vinculação obrigacional, havendo uma relação de consectariedade.

Acaso extinta a obrigação tributária, por conseguinte extinguir-se-á o crédito tributário. Não obstante, a extinção do crédito tributário não fulmina a obrigação tributária, porquanto esta possui existência autônoma. O art. 140 do CTN é expresso nesse sentido: "As circunstâncias que modificam o crédito tributário, sua extensão ou seus efeitos, ou as garantias ou os privilégios a ele atribuídos, ou que excluem sua exigibilidade não afetam a obrigação tributária que lhe deu origem". Ante o exposto, verifica-se a existência de diferenças entre a obrigação tributária e o crédito tributário, não se confundindo os institutos.

2.1.4 Extinção do crédito tributário – pagamento e remissão

A obrigação de natureza pública também tem a sua razão de ser, notadamente as obrigações originadas do direito tributário. Como visto, a obrigação tributária faz nascer o crédito tributário. Por sua vez, crédito tributário também possui seu próprio escopo e, sendo atingido nos termos da lei, acaba sendo extinto.

O crédito tributário pode ser extinto por inexistência de algum elemento essencial da relação jurídica tributária, que pode ocorrer em razão do "desaparecimento do sujeito ativo"; "desaparecimento do sujeito passivo"; "desaparecimento do objeto"; desaparecimento do

---
[107] PAULSEN, Leandro. *Curso de direito tributário completo*. 9. ed. São Paulo: Saraiva, 2018, p. 241.

direito subjetivo" à exigência e, por fim, o "desaparecimento do dever jurídico cometido ao sujeito passivo".[108]

Concisamente, Hugo de Brito Machado[109] assevera que "a extinção do crédito tributário é o desaparecimento deste. Como nas obrigações, em geral sua forma mais comum de extinção é o pagamento, que significa a satisfação do direito creditório".

O crédito tributário possui a finalidade de criar o direito de crédito para o Estado. A finalidade do crédito tributário é alcançada quando ocorre o pagamento do valor devido ao ente competente. Disso resulta que a extinção do crédito tributário consiste no aniquilamento do direito de exigir o pagamento de tributo.

Comumente, fala-se em cumprimento das obrigações quando essas são satisfeitas, ou seja, adimplidas. Quando se trata de tributo, elemento essencial é o pagamento. No direito tributário, o *pagamento* do crédito tributário consiste na entrega, pelo sujeito passivo, de soma em dinheiro ao sujeito ativo, decorrente do crédito tributário. Com o pagamento, realiza-se o escopo previsto na norma estatal criadora da hipótese de incidência. Conforme o art. 156, I, do CTN, o pagamento é a primeira forma de extinção do crédito tributário.

Impende salientar a impostergável necessidade de *pagamento integral* do valor devido como forma de extinguir o crédito tributário, sob pena de incidir juros de mora, penalidades cabíveis e medidas de garantia, nos termos do art. 161, *caput*, CTN. Vale dizer, não basta o pagamento apenas de uma parte ou parcela de crédito tributário, não gerando presunção de pagamento das parcelas seguintes ou de outros créditos, na forma do art. 158 do CTN.

Somente o pagamento integral possui o condão de extinguir o crédito tributário e afastar as consequências nefastas do inadimplemento na seara tributária.

Noutro giro, meio hábil também para extinguir o crédito tributário é a *remissão*, que consiste no perdão do tributo.[110] Para Paulo de Barros Carvalho, a remissão significa perdão, indulgência, indulto, resgate, sendo uma forma de extinção do dever de pagar tributo, somente

---

[108] CARVALHO, Paulo de Barros. *Curso de direito tributário*. 24. ed. São Paulo: Saraiva, 2012, p. 527-528.

[109] MACHADO, Hugo de Brito. *Curso de direito tributário*. 31. ed. São Paulo: Malheiros, 2010, p. 208.

[110] PAULSEN, Leandro. *Direito tributário* – Constituição e Código Tributário à luz da doutrina e jurisprudência. 16. ed. Porto Alegre: Livraria do Advogado, 2014, p. 1304.

podendo ser concedida por meio de prévia lei autorizadora.[111] Consoante Luciano Amaro,[112] "na remissão, tem-se o fato gerador, o nascimento da obrigação tributária e o perdão da dívida tributária (quer tenha havido lançamento quer não)".

Com o instituto da remissão tributária, o sujeito passivo fica livre do pagamento do tributo devidamente exigível. A medida decorre de opção do legislador, atento aos diversos interesses políticos e sociais que o circundam. Leandro Paulsen assevera que "dentre as causas de extinção do crédito tributário, a remissão é bastante rara. Poucas são as leis que a estabelecem. Recentemente, porém, a Lei nº 13.254/2016, que é conhecida como Lei da Repatriação, permitiu a regularização de ativos mantidos no exterior".[113]

Conforme exposto, o instituto da remissão tributária depende da edição de lei autorizativa que conceda o referido benefício. Como é cediço, o perdão pode abranger a parcialidade ou a totalidade do tributo devido. Ademais, a remissão pode ter várias causas ensejadoras, a depender do estabelecido pelo legislador, nos termos do art. 172, CTN:

> Art. 172. A lei pode autorizar a autoridade administrativa a conceder, por despacho fundamentado, remissão total ou parcial do crédito tributário, atendendo: I – à situação econômica do sujeito passivo; II – ao erro ou ignorância escusáveis do sujeito passivo, quanto a matéria de fato; III – à diminuta importância do crédito tributário; IV – a considerações de equidade, em relação com as características pessoais ou materiais do caso; V – a condições peculiares a determinada região do território da entidade tributante.

Dessa forma, a critério do legislador, mediante lei, pode ser criada remissão parcial ou total de tributos, inclusive na seara dos crimes tributários. Acaso concedida a remissão, por conseguinte, extinguir-se-á o crédito tributário. Ato contínuo, a prestação antes exigida pelo Estado tornar-se-á inexistente, liberando o devedor do débito (*schuld*) e da responsabilidade (*haftung*),[114] emanados do direito público.

---

[111] CARVALHO, Paulo de Barros. *Curso de direito tributário*. 24. ed. São Paulo: Saraiva, 2012, p. 541.
[112] AMARO, Luciano. *Direito tributário brasileiro*. 16. ed. São Paulo: Saraiva, 2010, p. 482.
[113] PAULSEN, Leandro. *Curso de direito tributário completo*. 9. ed. São Paulo: Saraiva, 2018, p. 265.
[114] MOREIRA ALVES, José Carlos. *Direito romano*. Vol. II. 2. ed. Rio de Janeiro: Forense, 1972, p. 12.

Portanto, a liberdade de conformação atribuída ao Poder Legislativo faculta aos seus membros a concessão de benefícios de natureza fiscal, extinguindo o crédito tributário, afigurando-se lícita a medida.

2.1.5 Exclusão do crédito tributário – isenção

Além das causas de extinção do crédito tributário supramencionadas, também há situações em que simplesmente exclui-se o referido crédito, sem aniquilá-lo. Trata-se da *exclusão do crédito* tributário. Exemplo disso é a *isenção*. A doutrina[115] diverge quanto ao conceito de isenção tributária. Para uns, isenção configura "dispensa legal do pagamento do tributo". Para outros, consiste em "hipótese de não incidência, legalmente qualificada". A despeito da divergência conceitual, o importante é que, malgrado a obrigação tributária, com a isenção o respectivo crédito não será exigido; logo, dispensa-se o cumprimento da obrigação.[116]

Como forma de resolver o dissenso doutrinário, o artigo 175 do CTN estabelece que a isenção tributária é modalidade de exclusão do crédito tributário, sendo que a "exclusão do crédito tributário não dispensa o cumprimento das obrigações acessórias, dependentes da obrigação principal cujo crédito seja excluído".

O indispensável é que a concessão de isenção tributária depende de lei. Dispõe o art. 176, *caput*, do CTN: "*A isenção*, ainda quando prevista em contrato, é *sempre decorrente de lei* que especifique as condições e requisitos exigidos para a sua concessão, os tributos a que se aplica e, sendo caso, o prazo de sua duração".

Em que pese a literalidade do art. 176 do CTN ao exigir "lei" como requisito para a concessão de isenção, doutrina especializada entende outras espécies normativas como autorizadoras da isenção. Nessa senda, o tributarista Roque Carraza preceitua que as isenções tributárias podem ser concedidas mediante lei ordinária, lei complementar, tratado internacional e por decreto legislativo estadual ou distrital, quando se

---

[115] CARRAZA, Roque Antônio. *Curso de direito constitucional tributário*. 28. ed. São Paulo: Malheiros, 2012, p. 980-982.
[116] PAULSEN, Leandro. *Direito tributário* – Constituição e Código Tributário à luz da doutrina e jurisprudência. 16. ed. Porto Alegre: Livraria do Advogado, 2014, p. 1334.

tratar de ICMS (imposto sobre circulação de mercadorias e serviços de transporte interestadual e intermunicipal e de comunicação).[117]

Realmente, a isenção tributária não pode ser concedida aleatoriamente, sem respaldo legal em sentido estrito. Disso resulta na impossibilidade de concessão de isenção baseada unicamente em contrato entre as partes, ato administrativo, portaria ou outro veículo que não seja ato normativo equiparável à lei. Ademais, a lei instituidora da isenção tributária deve estabelecer critérios e requisitos autorizadores dos respectivos benefícios, havendo ampla margem ao legislador para instituir as hipóteses que serão contempladas pelo ente tributante.

Na percuciência de Roque Carraza, as isenções podem ser "transitórias ou permanentes, estas e aquelas concedidas de modo condicional ou incondicional". A consequência é que as isenções transitórias possuem prazo certo de vigência, enquanto que as isenções permanentes não possuem essa prefixação de prazo – duram por prazo indeterminado. As isenções condicionais são aquelas as quais o legislador estabelece requisitos para concessão, ao passo que as isenções incondicionais são concedidas pura e simplesmente, sem exigência de contrapartida.[118]

Semelhantemente à remissão, a critério do legislador e mediante lei, pode ser estabelecida a *isenção tributária*. Entrementes, a isenção tributária somente exclui o crédito tributário, isto é, dispensa temporariamente o dever de pagamento pelo sujeito passivo da relação obrigacional.

Caberá à lei instituidora especificar as condições, o prazo e os requisitos exigidos para a concessão da isenção tributária, nos termos do art. 176 do CTN. Além disso, a isenção pode ser concedida parcial ou totalmente, em determinada região do território da entidade tributante, em função de condições a ela peculiares. A gama de opções é salutar, porquanto permite atender às peculiaridades de cada ente federativo, estimular certas atividades e refratar outras, atingindo, assim, aos diversos interesses da sociedade.

Outrossim, esta corrente doutrinária entende a possibilidade de ser concedida *isenção tributária nos crimes tributários*, desde que preenchidos os requisitos legais, mormente o art. 165, §6º da Constituição

---

[117] CARRAZA, Roque Antônio. *Curso de direito constitucional tributário*. 28. ed. São Paulo: Malheiros, 2012, p. 993.
[118] CARRAZA, Roque Antônio. *Curso de direito constitucional tributário*. 28. ed. São Paulo: Malheiros, 2012, p. 1007-1009.

Federal, o art. 14 da Lei de Responsabilidade Fiscal e o art. 176 do Código Tributário Nacional.

Sendo concedida a isenção – nos termos da lei –, por conseguinte será reduzido ou até mesmo extinto o crédito tributário, a depender dos termos e da extensão em que for concedida. Com isso, a prestação antes exigida pelo Estado tornar-se-á reduzida ou inexistente, liberando parcial ou totalmente o devedor do débito (*schuld*) e da responsabilidade (*haftung*),[119] decorrentes do direito público.

2.2 Crimes tributários

Matéria que guarda pertinência com o direito tributário refere-se aos crimes tributários. Crimes tributários é tema basilar neste estudo, a fim de verificar suposta aplicabilidade da teoria do adimplemento substancial nos aludidos delitos.

Para isso, imperioso compreender institutos concernentes a infrações penais de natureza tributária. Após, permitir-se-á avaliar eventual incidência da teoria do adimplemento substancial em delitos dessa envergadura.

2.2.1 Generalidades

Como visto anteriormente, o Estado, mediante relação jurídica obrigacional, institui o tributo, exigindo o pagamento como forma de extinguir a obrigação principal entre o Poder Público e o sujeito passivo. Por vezes, o Estado cria, mediante lei, hipóteses que afastam a obrigatoriedade de adimplemento, a exemplo da remissão e da isenção.

Como forma dissuasória do descumprimento da lei tributária mediante fraude, o Estado cria tipos penais, criminalizando certas condutas. Tal aspecto recai sobre o direito penal tributário. José Paulo Baltazar assinala que o *direito penal tributário* é o conjunto de normas de natureza *penal* que sancionam práticas relacionadas à violação de natureza tributária, que não deve ser confundido com o direito tributário penal, cujo objeto são as sanções de ordem administrativo-tributária".[120]

---

[119] MOREIRA ALVES, José Carlos. *Direito romano*. Vol. II. 2. ed. Rio de Janeiro: Forense, 1972, p. 12.
[120] BALTAZAR, José Paulo. *Crimes federais*. 9. ed. São Paulo: Saraiva, 2014, p. 817.

Para Jiménez de Asúa, trata-se de um conjunto de disposições que impõe sanção penal em decorrência de lesão aos interesses financeiros do Estado.[121] Para Fernández Albor, os crimes tributários são consequência de um processo de "neocriminalização", caracterizando-se como nova modalidade de delito, haja vista a relevância da fraude e do prejuízo causado a toda a coletividade, assim como as desigualdades perpetradas.[122]

A persecução penal-tributária justifica-se, pois os delitos tributários atentam contra bens jurídicos fundamentais da vida em sociedade, devendo haver proteção de índole penal, criminalizando-se condutas dessa natureza.[123] Desse modo, as sanções cominadas, por violação aos deveres tributários, objetivam fortalecer a consciência dos cidadãos, tanto no aspecto individual quanto na esfera social. Isso, porque promove o dever cívico de cumprir a norma tributária, prevendo medidas punitivas para quem descumpre a lei, não devendo reputar a reprimenda penal como simples forma de obtenção de recursos.[124]

Os crimes tributários não consistem unicamente em mecanismos asseguradores do direito de crédito do Estado decorrente dos tributos. Ao contrário, o escopo é intimidar o contribuinte, desestimulando-o a agir diversamente da norma penal. A finalidade é que não haja a prática do delito ou, caso esse ocorra, que não volte a reincidi-lo.[125]

Magistralmente, Rodríguez Mourullo[126] assevera que o indivíduo que defrauda o Fisco não está defraudando um ente abstrato – pessoa jurídica –, mas sim está lesionando os demais cidadãos, sendo as pessoas que compõem a coletividade os verdadeiros prejudicados.

Com percuciente análise, Martinez Perez justifica as causas pelas quais a fraude fiscal é realizada pelo ser humano, elencando diversos motivos. Basicamente, ocorre como maneira de impedir que seu patrimônio seja "debilitado". Ademais, também ocorre por razões

---

[121] JIMENEZ DE ASÚA, Luis. *Tratado de derecho penal*. Tomo I. Buenos Aires: Editorial Losada, 1950, p. 45.
[122] FERNÁNDEZ ALBOR, Agustín. *Estudios sobre criminalidade económica*. Barcelona: Bosch, 1978, p. 91-92.
[123] LANDROVE DÍAS, G. *Las infracciones tributarias ante el Derecho Penal español*. Madrid: Anuario de Derecho Penal y Ciencias Penales, 1971, p. 83-85.
[124] MERSÁN, Carlos A. *Direito tributário*. 2. ed. Tradução de Dejalma de Campos. São Paulo: Editora Revista dos Tribunais, 1988, p. 95-96.
[125] BUJANDA, F. Sainz de. *En torno al concepto y al contenido del derecho penal tributario*, en ADPCP, 1968, p. 103.
[126] RODRÍGUEZ MOURULLO. *Presente y futuro del delito fiscal*. Madrid: Civitas, 1974, p. 32.

econômicas, tendo em vista a elevadíssima carga tributária, gerando "pressão fiscal excessiva" – como forma de compensar os inadimplentes. Isso faz com que os que pagam o tributo tenham que adimplir com o tributo sonegado pelos demais. Além disso, fundamenta a fraude tributária um conjunto de causas técnicas, face a complexidade do sistema fiscal. Em que pesem os argumentos visto alhures, o fato é que a fraude fiscal é fenômeno generalizado, acarretando prejuízos inestimáveis e intoleráveis. A fraude tributária configura "uma das patologias mais graves da sociedade", porquanto prejudica o desenvolvimento da economia, sendo o verdadeiro sujeito passivo a coletividade.[127]

Por conseguinte, os aludidos delitos findam por prejudicar a redistribuição de renda, atacando frontalmente a justiça distributiva e promovendo desigualdades sociais.[128]

Por vezes, a fraude fiscal ocorre com o escopo de reduzir o valor do tributo devido decorrente de relações jurídicas civis, a exemplo de contratos de compra e venda, ocasião em que as partes declaram formalmente um valor abaixo se comparado ao preço real.[129] O prejuízo recai sobre as contas do Tesouro, que deixam de arrecadar o valor cabível, que seria destinado para promoção de atividades públicas.

Considerando a dimensão de natureza coletiva, sobressai a tipificação de crimes tributários. Argumento favorável à criminalização dos delitos fiscais reside no fato de que, atualmente, o Estado Social exerce função realizadora de direitos, desenvolvendo "atividade propulsora e de desenvolvimento, tendente a transformar as condições de vida e assegurar o progresso".[130] Disso resulta no prejuízo social ao desenvolvimento da nação quando ocorrem delitos dessa natureza.

Afora a legitimação punitiva, resta identificar o escopo do bem jurídico protegido pelos crimes tributários. Existem várias teorias que discorrem sobre o tema. Para M. Bajo, o bem jurídico protegido pela norma é o patrimônio, o Erário Público, afetando a política econômica e social justa. Por sua vez, Martínez Perez entende que norma tutela interesse patrimonial supraindividual, pois a conduta lesiva atinge a

---

[127] MARTINEZ PEREZ, Carlos. *El delito fiscal*. Madrid: Editorial Montecorvo, 1982, p. 112-114.
[128] HERRERO TEJEDOR, Fernando. *En torno al delito fiscal:* condicionamientos jurídicos previos para su implantación. Problemas tributarios actuales. Madrid: Instituto de Estudios Fiscales, Ministerio de Hacienda, 1973, p. 200.
[129] PLANIOL Marcel; RIPERT, Georges. *Traité pratique de droit civil français*. Tome X. Contrats Civils. 2ª éd. Paris: Librairie Générale de Droit et de Jurisprudence, 1956, p. 24.
[130] RODRÍGUEZ MOURULLO. *Presente y futuro del delito fiscal*. Madrid: Civitas, 1974, p. 28.

ordem econômica, sendo o delito fiscal de natureza pluriofensiva. Para Arroyo e Pérez Royo, o bem jurídico protegido são as funções exercidas pela Fazenda Pública no contexto do Estado Social e Democrático de Direito, bem como as funções públicas para a defesa do interesse coletivo. A seu turno, Simon entende que o escopo protegido consiste na efetivação do princípio da solidariedade social. Por fim, Delgado preleciona que o delito tributário protege a atividade dinâmica da Fazenda Pública, dirigida com a finalidade de obtenção do recurso necessário para atender os interesses de caráter geral da sociedade.[131]

Independentemente da teoria adotada, o fato é que a criminalização da conduta não reside unicamente na arrecadação de recursos para o Estado, mas sim decorre da função ordenadora da sociedade, sendo o recurso oriundo dos tributos elemento essencial para a própria existência do Estado.[132]

Ora, para o Poder Público ter condições de realizar sua atividade financeira orientada finalisticamente na distribuição dos recursos produtivos, na distribuição de maneira equitativa da renda nacional e na sua estabilização, afigura-se imprescindível atribuição justa dos recursos públicos, assim como sua adequada programação e execução.[133]

O interesse estatal no angariamento da receita dos tributos reflete a necessidade social a ser tutelada na aplicação do respectivo recurso financeiro, de modo que, com o cometimento do crime tributário, ataca-se frontalmente esses valores subjacentes à norma.[134]

Posto isso, considerando a essencialidade dos tributos, a doutrina majoritária apresenta-se favorável à criminalização de condutas desse viés, reputando a sanção penal como um meio hábil na repressão do ilícito.[135] A razão deflui do significativo prejuízo ao patrimônio administrado pelo Estado, frustrando as expectativas legítimas da obtenção da receita e a aplicação dos recursos nos gastos públicos.[136]

---

[131] GARCÍA TIZÓN, Arturo. *Política fiscal y delitos contra la hacienda pública*. Mesas Redondas Derecho y Economia. Sexta Mesa Redonda: El bien jurídico protegido en los delitos contra la Hacienda Pública. Madrid: Editorial universitaria Ramón Areces, 2007, p. 164-165.
[132] GIULIANI, FONROUGE, Carlos M. *Derecho financeiro*. Vol. II. Buenos Aires: Depalma, 1962, p. 545.
[133] HERRERO, Cesar Herrero. *Los delitos económicos. Perspectiva jurídica y criminológica*. Madrid: Ministerio del Interior – Secretaria General Tecnica, 1992, p. 282-283.
[134] MARTINEZ PEREZ, Carlos. *El delito fiscal*. Madrid: Editorial Montecorvo, 1982, p. 124.
[135] FERNÁNDEZ ALBOR, Agustin. *Estudios sobre criminalidad económica*. Barcelona: Bosch, 1978, p. 95.
[136] BITENCOURT, Cezar Roberto. *Tratado de direito penal econômico*. Volume 1. São Paulo: Saraiva, 2016, p. 681.

Ademais, a tipificação de crimes tributários previne a utilização da sonegação fiscal como mecanismo anterior à lavagem de dinheiro.[137] Vale dizer, a censura criminal de delitos fiscais inibe a perpetração de novos delitos, nomeadamente a lavagem de dinheiro.

Noutro giro, deve ser considerado que o objetivo fundamental da política fiscal deve ser a criação de uma consciência fiscal nos cidadãos, não sendo o escopo gerar terror quanto à obrigação de pagar tributos.[138] Consectariamente, a sanção penal decorrente de ilícitos tributários só pode ocorrer em *ultima ratio*, quando os demais mecanismos de tutela jurídica se mostrarem insuficientes para a proteção do bem jurídico.

Impõe-se aperfeiçoamento estatal no sistema jurídico tributário. Para isso, requer a prevenção da fraude fiscal, um sistema que distribua equitativamente a carga tributária – não onerando demasiadamente os que pagam. Demais disso, afigura-se elemento essencial a aplicação adequada do gasto público.[139] Com a implementação dessas medidas, evita-se o cometimento exacerbado da fraude fiscal, promove-se a justiça, bem como a consciência da sociedade na contribuição das despesas estatais.

2.2.2 Tipos penais de crimes tributários

Crimes tributários constituem matéria específica do direito penal com preponderância do aspecto tributário, visto que o objeto da tutela penal é o tributo, havendo incidência de normas específicas, a exemplo da Lei nº 8.137/90 e Lei nº 10.684/2003. Sem embargo, também há previsão de crimes tributários no Código Penal, não havendo necessariamente a exigência de o tipo estar previsto somente em lei específica de caráter penal tributário, a exemplo dos arts. 168-A e 337-A do código punitivo.

Em estudo específico, Leandro Paulsen preleciona que "os tipos penais tributários configuram, normalmente, crimes materiais ou de resultado, pressupondo a supressão ou redução de tributo devido. Mas também há crimes formais, que prescindem de qualquer resultado material para a sua consumação".[140]

---

[137] BLANCO CORDERO, Isidoro. El delito fiscal como actividad delictiva previa del blanqueo de capitales. *Revista Electrónica de Ciencia Penal y Criminología*. ISSN 1695-0194. ARTÍCULOS. RECPC 13-01 (2011). Disponível em: http://criminet.ugr.es/recpc/13/recpc13-01.pdf. Acesso em: 05 fev. 2020.
[138] RODRÍGUEZ MOURULLO. *Presente y futuro del delito fiscal*. Madrid: Civitas, 1974, p. 26.
[139] MARTINEZ PEREZ, Carlos. *El delito fiscal*. Madrid: Editorial Montecorvo, 1982, p. 132.
[140] PAULSEN, Leandro. *Crimes federais*. 2. ed. São Paulo: Saraiva, 2018, p. 330.

Saliente-se que os tipos penais tributários também possuem escopo protetivo na perspectiva macrossocial. A esse respeito, Paulo Baltazar assinala: "o bem jurídico é a integridade do erário, a arrecadação ou a ordem tributária, entendida como o interesse do Estado na arrecadação dos tributos, para a consecução de seus fins. Cuida-se de bem macrossocial, coletivo".[141] Assim, com a obtenção da receita proveniente do direito tributário é que o Estado obtém meios materiais de realização das finalidades públicas, especialmente os investimentos nas áreas sociais (p. ex.: educação, saúde, previdência, assistência social etc.)

De fato, é conhecida a figura dos crimes tributários, a exemplo da apropriação indébita previdenciária (art. 168-A do Código Penal), sonegação de contribuição previdenciária (art. 337-A do Código Penal) e sonegação de tributos (arts. 1º e 2º da Lei nº 8.137/1990). Os aludidos tipos penais tributários possuem pertinência com a eventual aplicabilidade da teoria do adimplemento substancial na presente obra.

Em razão disso, para maior compreensão da conduta proibida, será feita a transcrição do texto da norma que versa sobre os crimes contra a ordem tributária. Nesse passo, o artigo 1º da Lei nº 8.137/90 possui a seguinte redação:

> Art. 1º Constitui crime contra a ordem tributária suprimir ou reduzir tributo, ou contribuição social e qualquer acessório, mediante as seguintes condutas: I – omitir informação, ou prestar declaração falsa às autoridades fazendárias; II – fraudar a fiscalização tributária, inserindo elementos inexatos, ou omitindo operação de qualquer natureza, em documento ou livro exigido pela lei fiscal; III – falsificar ou alterar nota fiscal, fatura, duplicata, nota de venda, ou qualquer outro documento relativo à operação tributável; IV – elaborar, distribuir, fornecer, emitir ou utilizar documento que saiba ou deva saber falso ou inexato; V – negar ou deixar de fornecer, quando obrigatório, nota fiscal ou documento equivalente, relativa a venda de mercadoria ou prestação de serviço, efetivamente realizada, ou fornecê-la em desacordo com a legislação. Pena – reclusão de 2 (dois) a 5 (cinco) anos, e multa. Parágrafo único. A falta de atendimento da exigência da autoridade, no prazo de 10 (dez) dias, que poderá ser convertido em horas em razão da maior ou menor complexidade da matéria ou da dificuldade quanto ao atendimento da exigência, caracteriza a infração prevista no inciso V.

---

[141] BALTAZAR, José Paulo. *Crimes federais*. 9. ed. São Paulo: Saraiva, 2014, p. 819.

O artigo 1º da Lei nº 8.137/90 trata da supressão ou redução de tributo, contribuição social ou qualquer acessório, consoante as hipóteses elencadas. De acordo com Luiz Regis Prado, o bem jurídico tutelado é o Erário, o patrimônio da Fazendo Pública, de modo a dispor de recursos necessários para a realização das atividades do Estado em prol da sociedade. O sujeito ativo é o contribuinte ou responsável ao praticar qualquer das condutas previstas no *caput* ou nos incisos. São diversos os sujeitos passivos: o Estado, diretamente (Fazenda Pública da União, dos Estados, do Distrito Federal e do Municípios), a sociedade, indiretamente, e em alguns casos, até o particular. No que concerne à tipificação, a tipicidade objetiva e subjetiva requer a supressão ou redução de tributo, contribuição social ou acessório, havendo a especificação de modalidades nos incisos.

Assente-se que é imprescindível a existência de fraude, sendo necessária a burla, a falsidade fiscal. Disso resulta a inexistência de crime de sonegação fiscal quando a conduta deriva unicamente de diferimento, adiamento da ocorrência total ou parcial do fato gerador tributário, sendo ilícito administrativo fiscal, mas não configurando crime. O tipo subjetivo é o dolo, podendo ser direto ou eventual. A consumação ocorre com a supressão ou redução do tributo, contribuição social ou acessório. Admite-se a tentativa, salvo na hipótese do parágrafo único, por se tratar de crime de mera atividade. A pena é de reclusão de dois a cinco anos e multa, sendo a ação penal pública incondicionada. Há previsão de extinção da punibilidade com o pagamento integral do tributo, contribuição ou acessório, conforme art. 9º, §2º da Lei nº 10.684/2003.[142]

Por sua vez, o artigo 2º da Lei nº 8.137/90 contém os seguintes termos:

> Art. 2º Constitui crime da mesma natureza: I – fazer declaração falsa ou omitir declaração sobre rendas, bens ou fatos, ou empregar outra fraude, para eximir-se, total ou parcialmente, de pagamento de tributo; II – deixar de recolher, no prazo legal, valor de tributo ou de contribuição social, descontado ou cobrado, na qualidade de sujeito passivo de obrigação e que deveria recolher aos cofres públicos; III – exigir, pagar ou receber, para si ou para o contribuinte beneficiário, qualquer percentagem sobre a parcela dedutível ou deduzida de imposto ou de contribuição como

---

[142] PRADO, Luiz Regis. *Direito penal econômico*. 7. ed. São Paulo: Editora Revista dos Tribunais, 2016, p. 353-374.

incentivo fiscal; IV – deixar de aplicar, ou aplicar em desacordo com o estatuído, incentivo fiscal ou parcelas de imposto liberadas por órgão ou entidade de desenvolvimento; V – utilizar ou divulgar programa de processamento de dados que permita ao sujeito passivo da obrigação tributária possuir informação contábil diversa daquela que é, por lei, fornecida à Fazenda Pública. Pena – detenção, de 6 (seis) meses a 2 (dois) anos, e multa.

No delito em comento, o bem jurídico tutelado é o Erário (patrimônio da Fazendo Pública), não só patrimonialmente, mas também como bem jurídico supraindividual, institucional. O sujeito ativo em geral é o contribuinte ou responsável, mas há casos em que o delito pode ser cometido por qualquer pessoa (art. 2º, III, IV e V). Sujeito passivo é Estado, atingindo a Fazenda Pública da União, Estado, Distrito Federal ou Municípios, bem como a sociedade e o particular. A tipicidade objetiva e subjetiva consiste na declaração falsa ou em omitir declaração sobre rendas, bens, fatos, ou empregar fraude para eximir-se do dever de pagamento de tributo.

Esclareça-se que o elemento normativo *fraude* significa o ardil, o artifício, o engano, a simulação ou outro meio que conduza o Fisco ao erro. O tipo subjetivo é o dolo. A consumação ocorre com a prática de alguma das condutas previstas no artigo, sendo o delito de mera conduta. Em geral, não se admite a tentativa quando "omitir e empregar fraude" (inciso I); "deixar de recolher" (inciso II); exigir (inciso III); deixar de aplicar ou aplicar em desacordo (inciso IV) e utilizar ou divulgar (inciso V), ressalvado eventual fracionamento da conduta. Nos demais casos, é possível a tentativa. A pena aqui é mais branda, sendo de seis meses a dois anos de detenção e multa. Em razão disso, aplicam-se as disposições dos Juizados Especiais Criminais (art. 61, Lei nº 9.099/1995). A ação penal é pública incondicionada. Há previsão da extinção da punibilidade com o pagamento integral do valor devido, conforme art. 9º, §2º da Lei nº 10.684/2003.[143]

Da leitura supra, verifica-se a diversidade de condutas que caracterizam crimes contra a ordem tributária, previstos em norma específica, ou seja, na Lei nº 8.137/90. O texto é amplo, abarcando várias situações, tanto ativas quanto omissivas, que de algum modo prejudiquem o patrimônio da Fazenda Pública.

---

[143] PRADO, Luiz Regis. *Direito penal econômico*. 7. ed. São Paulo: Editora Revista dos Tribunais, 2016, p. 377-390.

Noutro giro, o Código Penal, em que pese criminalizar condutas em geral, também estabelece sanção na esfera tributária. Exemplo é a previsão contida no art. 168-A, que trata da apropriação indébita previdenciária, que possui a seguinte redação:

> Apropriação indébita previdenciária. Art. 168-A. Deixar de repassar à previdência social as contribuições recolhidas dos contribuintes, no prazo e forma legal ou convencional: Pena – reclusão, de 2 (dois) a 5 (cinco) anos, e multa. §1º Nas mesmas penas incorre quem deixar de: I – recolher, no prazo legal, contribuição ou outra importância destinada à previdência social que tenha sido descontada de pagamento efetuado a segurados, a terceiros ou arrecadada do público; II – recolher contribuições devidas à previdência social que tenham integrado despesas contábeis ou custos relativos à venda de produtos ou à prestação de serviços; III – pagar benefício devido a segurado, quando as respectivas cotas ou valores já tiverem sido reembolsados à empresa pela previdência social.

O delito de apropriação indébita previdenciária caracteriza-se pela omissão do agente, isto é, quando deixa de repassar à previdência social as contribuições devidas, bem como quando deixa de pagar o benefício a segurado quando a cota respectiva já tiver sido reembolsada à empresa. Nesse injusto penal, o bem jurídico tutelado é o patrimônio da previdência social, de modo a permitir a arrecadação e a sua distribuição por meio da despesa pública. Sujeito ativo é o agente que possui vínculo legal ou convencional com órgão previdenciário (INSS), tendo a obrigação de repassar ou recolher a contribuição social ou de pagar o benefício ao segurado. Sujeito passivo é o Estado, especificamente a União e o Instituto Nacional do Seguro Social (INSS). A tipicidade objetiva e subjetiva na cabeça do artigo consiste em deixar de repassar à previdência social as contribuições recolhidas dos contribuintes, no prazo e forma legal ou convencional, sendo delito omissivo próprio. O tipo subjetivo é o dolo genérico. A consumação ocorre quando o agente deixa de repassar ao órgão previdenciário as contribuições recolhidas dos contribuintes, no prazo e na forma devida.

Quanto às figuras equiparadas previstas no parágrafo primeiro, a tipicidade objetiva e subjetiva consiste em deixar de recolher contribuição ou outra importância, à previdência social, que tenha sido descontada; deixar de recolher contribuições devidas, à previdência social, que tenham integrado despesas contábeis ou custos, ou a conduta de deixar de pagar benefício devido a segurado quando o valor já tiver sido reembolsado à empresa pela previdência social. O tipo subjetivo é o dolo genérico. A consumação ocorre quando o responsável tributário, apesar de ter deduzido a contribuição social dos pagamentos, deixa de recolhê-la no prazo legal (inciso I); quando deixa de recolher a contribuição previdenciária no dia 10 (dez) do mês subsequente ao da hipótese de incidência (inciso II) e, por fim, quando o agente deixa de pagar o benefício ao segurado, embora tenha sido feito o reembolso pelo INSS.

No que se refere à tentativa, resta inadmissível nas hipóteses dos incisos I e II, por se tratar de delito omissivo próprio. Sem embargo, é possível vislumbrar a tentativa na modalidade do inciso III. A pena é de dois a cinco anos de reclusão e multa, sendo a ação pública incondicionada. Extingue-se a punibilidade se o agente, espontaneamente, declara, confessa e paga o valor devido e presta as informações à previdência antes do início da ação fiscal, sendo ainda previsto o perdão judicial.[144]

Em que pese o Código Penal ter previsto limite temporal para a extinção da punibilidade, o art. 9º, §2º da Lei nº 10.684/2003 possui disposição mais ampla, não restringindo ao início da ação fiscal, devendo ser observado, seja pela aplicação mais benéfica da lei penal ao réu (art. 5º, XL, CF de 1988 c/c art. 2º, parágrafo único, CP), seja em razão do princípio da especialidade na solução de antinomias.[145]

Por sua vez, o art. 337-A do Código Penal tipifica o crime de sonegação de contribuição previdenciária, conforme transcrição abaixo:

> Sonegação de contribuição previdenciária. Art. 337-A. Suprimir ou reduzir contribuição social previdenciária e qualquer acessório, mediante as seguintes condutas: I – omitir de folha de pagamento da empresa ou de documento de informações previsto pela legislação previdenciária segurados empregado, empresário, trabalhador avulso ou trabalhador autônomo ou a este equiparado que lhe prestem serviços; II – deixar de lançar mensalmente nos títulos próprios da contabilidade da empresa as quantias descontadas dos segurados ou as devidas pelo empregador ou pelo tomador de serviços; III – omitir, total ou parcialmente, receitas ou lucros auferidos, remunerações pagas ou creditadas e demais fatos geradores de contribuições sociais previdenciárias: Pena – reclusão, de 2 (dois) a 5 (cinco) anos, e multa.

---

[144] PRADO, Luiz Regis. *Direito penal econômico*. 7. ed. São Paulo: Editora Revista dos Tribunais, 2016, p. 434-452.
[145] BOBBIO, Norberto. *Teoria do ordenamento jurídico*. Brasília: Polis/UNB, 1991. p. 95-96

O delito de sonegação de contribuição previdenciária ocorre com o ato de suprimir ou reduzir valor da contribuição social previdenciária ou qualquer acessório mediante conduta omissiva, consistindo em omitir as informações e os sujeitos que especifica, bem como quando deixa de lançar mensalmente quantias descontadas ou devidas. O bem jurídico tutelado é o patrimônio do ente público. O sujeito ativo pode ser o empresário individual ou quem exerça função técnico-contábil nas empresas. Sujeito passivo é o Estado, na figura da União e do INSS. A tipicidade objetiva e subjetiva consiste em suprimir ou reduzir a contribuição social previdenciária ou acessório, na forma disposta nos incisos I, II e III do citado artigo. O tipo subjetivo é o dolo. A consumação do delito ocorre com a supressão ou redução da contribuição social previdenciária ou seu acessório, sendo delito de resultado. Desse modo, admite-se a tentativa.[146] A pena é de dois a cinco anos de reclusão e multa, sendo a ação penal pública incondicionada. Extingue-se a punibilidade se o agente, espontaneamente, declara e confessa as contribuições ou o valor devido e presta as informações à previdência antes do início da ação fiscal (art. 337-A, §1º, CP).

A despeito de o Código Penal ter estabelecido limite temporal para a extinção da punibilidade, o art. 9º, §2º da Lei nº 10.684/2003 contém disposição mais ampla, não restringindo ao início da ação fiscal, devendo ser observado, seja pela aplicação mais benéfica da lei penal ao réu (art. 5º, XL, CF de 1988 c/c art. 2º, parágrafo único, CP), seja em razão do princípio da especialidade na solução de antinomias.[147] Afora a extinção da punibilidade, também é facultado ao juiz deixar de aplicar a pena ou aplicar unicamente pena de multa se o agente for primário e tiver bons antecedentes, sendo reduzido o valor das contribuições, na forma do art. 337-A, §2º, CP.

2.2.3 Característica basilar: a fraude

Comumente, para a tipificação dos crimes tributários, impõe-se requisito essencial, consistente na *fraude*. Tal condição ocorre, eis que, nos crimes tributários em geral, o mero inadimplemento da obrigação tributária por si só não configura o delito, isto é, o ato isolado de deixar

---

[146] PRADO, Luiz Regis. *Direito penal econômico*. 7. ed. São Paulo: Editora Revista dos Tribunais, 2016, p. 457-468.

[147] BOBBIO, Norberto. *Teoria do ordenamento jurídico*. Brasília: Polis/UNB, 1991. p. 95-96.

de pagar tributo ao Fisco não se tipifica como crime tributário, já que o tipo requer o elemento "fraude".

Isso, porque a Constituição Federal de 1988 veda a prisão por dívida, ressalvada a do devedor voluntário de prestação alimentícia (art. 5º, LXVII). O professor Luciano Amaro pontifica que o simples ato de deixar de pagar tributos não é fato ensejador para a criminalização de conduta do sujeito passivo. Para a caracterização de crimes tributários em geral, faz-se necessário o elemento ardil ou artifício utilizado pelo devedor para obter como resultado o não recolhimento do valor contido no tributo. Como exemplo, faz-se uso de documentos falsos, omissão de registros e informações inverídicas.[148] Nessa esteira também assevera José Paulo Baltazar[149] sobre a temática:

> Desde logo, é importante deixar claro que a conduta de deixar de pagar tributo, por si só, não constitui crime. Assim, se o contribuinte declara todos os fatos geradores à repartição fazendária, de acordo com a periodicidade exigida em lei, cumpre todas as obrigações tributária acessórias e tem escrita contábil regular, mas não paga o tributo, não há crime algum, mas mero inadimplemento. (STJ, AgRg no REsp 1158834, Maria Thereza, 6ª T. u., 19.2.13; TRF4, AC 200771100020007, Márcio Rocha, 7ª T., u. 31.5.11).

Em outras palavras, nos crimes tributários frequentemente o não pagamento simples e puro do tributo não caracteriza conduta criminosa a ser sancionada com pena criminal, sendo censurada a sonegação fiscal, consoante jurisprudência do STJ:[150]

> 2. A conduta de inadimplir o crédito tributário, de per si, pode não constituir crime. Caso o sujeito passivo declare todos os fatos geradores à Administração Tributária, conforme periodicidade exigida em lei, cumpra as obrigações tributárias acessórias e mantenha a escrituração contábil regular, não há falar em sonegação fiscal (Lei n. 8137/1990, art. 1º), mas em mero inadimplemento, passível de execução fiscal. Os crimes contra a ordem tributária, exceto o de apropriação indébita tributária e previdenciária, pressupõem, além do inadimplemento, a ocorrência de alguma forma de fraude, que poderá ser consubstanciada em omissão de declaração, falsificação material ou ideológica, a utilização de documentos

---

[148] AMARO, Luciano. Direito tributário brasileiro. 16. ed. São Paulo: Saraiva, 2010, p. 488-489.
[149] BALTAZAR, José Paulo. Crimes federais. 9. ed. São Paulo: Saraiva, 2014, p. 818.
[150] STJ. Superior Tribunal de Justiça. Quinta Turma. RHC 86565/SP. Rel. Min. Ribeiro Dantas. Data do julgamento: 21/02/2019. Data da publicação/Fonte: DJe 01/03/2019.

material ou ideologicamente falsos, simulação, entre outros meios. 3. Hipótese em que a denúncia foi instruída com elementos de informação capazes de provar a materialidade dos crimes tributários em questão, tendo apontado inícios suficientes de autoria ao réu, ora recorrente. A Representação Fiscal para fins Penais aponta a materialidade de sonegação fiscal, e não mero inadimplemento.

Assim, a reprovação da norma penal se dá quando o não pagamento deriva de ato fraudatório pelo sujeito passivo. A fraude consiste na falsa representação da realidade com a finalidade de escapar ilegalmente do tributo devido.[151] Sob a perspectiva etimológica, a expressão "fraude" tem raiz na palavra latina *fraus*, que significa má-fé, isto é, consiste no engano realizado com malícia, por meio do qual alguém prejudica a outrem e beneficia a si mesmo.[152] Ernst Blumenstein menciona que a fraude nos crimes tributários se assemelha à fraude comum prevista no direito penal.[153] No direito brasileiro, pode-se mencionar o crime de estelionato, consistente na obtenção de vantagem ilícita, em prejuízo alheio, mediante artifício, ardil ou outro meio fraudulento – art. 171 do Código Penal.

Com efeito, o civismo fiscal e a mentalidade nacional possuem correlação direta e proporcional na fraude de natureza tributária, sendo que "a mentalidade nacional, em cada país, influi sobre a ressonância social da defraudação, acentuando-a ou diminuindo-a, segundo suas tendências".[154]

Elemento comum nos crimes tributários é a ausência de pagamento do tributo devido, total ou parcial, mediante fraude, omissão, falsidade ou outro artifício ardiloso. Bruno Taddei[155] assinala que desde os tempos de outrora o contribuinte criou meios de evadir-se dos deveres fiscais, tendo a fraude surgido junto com o nascimento do imposto. Nessa toada, nos crimes tributários pune-se a utilização da

---

[151] LAURE, Maurice. *Tratado de política fiscal*. Traducción por Manuel García – Margallo Riaza. Madrid: Editorial de Derecho Financiero, 1960, p. 413.

[152] HERRERO, Cesar Herrero. *Los delitos económicos*. Perspectiva jurídica y criminológica. Madrid: Ministerio del Interior – Secretaria General Tecnica, 1992, p. 285.

[153] BLUMENSTEIN, Ernst. *Sistema di diritto delle imposte*. Trad. Francesco Forte. Milano: Dott. A. Giuffrè, 1954, p. 295.

[154] LAURE, Maurice. *Tratado de política fiscal*. Traducción por Manuel García – Margallo Riaza. Madrid: Editorial de Derecho Financiero, 1960, p. 425.

[155] TADDEI, Bruno. *La fraude fiscale*. Paris: Librairies Techniques, 1974, p. 1.

fraude como mecanismo de não cumprimento da lei penal. Explicita o voto do Min. Relator Ricardo Lewandowski:[156]

> Dessa forma, as condutas tipificadas na Lei 8.137/1991 não se referem simplesmente ao não pagamento de tributos, mas aos atos praticados pelo contribuinte com o fim de sonegar o tributo devido, consubstanciados em fraude, omissão, prestação de informações falsas às autoridades fazendárias e outros ardis. Não se trata de punir a inadimplência do contribuinte, ou seja, apenas a dívida com o Fisco. Por isso, os delitos previstos na Lei 8.137/1991 não violam o art. 5º, LXVII, da Carta Magna bem como não ferem a característica do Direito Penal de configurar a *ultima ratio* para tutelar a ordem tributária e impedir a sonegação fiscal.

Tal entendimento compatibiliza-se com salutar redução da aplicação de pena privativa de liberdade em casos nos quais seja despicienda, tais como a inexistência de periculosidade do agente, não cometimento de delitos graves, não constar maus antecedentes ou não haver reiteração criminosa.[157] Assim, reputa-se consentâneo com a dogmática penal e atende ao princípio da proporcionalidade, evitando sancionar com pena de prisão o mero inadimplemento de tributo.

Posto isso, apreciados os tipos penais, bem como o elemento basilar consistente na "fraude", agora resta analisar a extinção da punibilidade, mormente nos crimes tributários acima descritos, de forma a verificar a incidência ou não do adimplemento substancial em delitos dessa natureza.

2.2.4 Extinção da punibilidade nos crimes tributários

A extinção da punibilidade possui notável destaque, porquanto busca descobrir se a teoria do adimplemento substancial pode ser aplicada nos crimes tributários, tendo, consequentemente, o condão de extinguir a punibilidade dos respectivos delitos, objeto do presente estudo. Para isso, mostra-se necessário identificar doutrinariamente a definição de extinção da punibilidade.

---

[156] STJ. Supremo Tribunal Federal. Tribunal. Pleno. Rel. Min. Ricardo Lewandowski. ARE 999425 RG/SC. Julgamento em 02/03/2017. Publicação: DJe-050 DIVULG 15-03-2017. Public. 16-03-2017.

[157] CUELLO CALÓN, Eugenio. *La moderna penología*. (Represión del delito y tratamiento de los delincuentes. Penas y medidas. Su ejecución). Tomo I. Barcelona: Bosch Casa Editorial, 1958, p. 623.

Segundo Muñoz Conde, a extinção da punibilidade consiste em uma série de causas que afastam a responsabilidade penal, aniquilando a perseguibilidade processual, impedindo a continuidade do processo ou a condenação do acusado.[158] Isso ocorre porque o cometimento de um delito previsto no tipo penal não enseja necessariamente aplicação de sanção penal, uma vez que a lei estabelece causas que resultam na aniquilação da pena, seja pelo afastamento da pretensão punitiva ou por escusa absolutória.[159]

Registre-se que as circunstâncias promovedoras da extinção da punibilidade ocorrem após a prática do ato delitivo, ocasião em que a lei afasta o direito de punir.[160] Outrossim, as causas de exclusão da punibilidade podem decorrer de causas pessoais (subjetivas) ou causas materiais (objetivas). Como exemplo de causa pessoal afastadora da sanção penal, temos a morte do acusado. Por seu turno, como exemplo da causa material pode ser mencionada a prescrição.[161]

Para Cézar Roberto Bitencourt,[162] a extinção da punibilidade trata-se de "uma renúncia, uma abdicação, uma derrelição do direito de punir do Estado. Deve dizer-se, portanto, com acerto, o que cessa é a punibilidade do fato, em razão de certas contingências ou por motivos vários de conveniência ou oportunidade política".

Na lição de Guilherme de Souza Nucci,[163] a extinção da punibilidade "é o desaparecimento da pretensão punitiva ou executória do Estado, em razão de específicos obstáculos previstos em lei".

Com efeito, a extinção da punibilidade decorre de lei, que deverá estabelecer as hipóteses, condições e os critérios adotados, a exemplo do art. 107 do Código Penal. Verifica-se que há um paralelismo de formas, ou seja, da mesma forma que é a lei que tipifica o conceito de

---

[158] MUÑOZ CONDE, Francisco; Arán, Mercedez García. *Derecho penal*. Parte General. 8. ed. Valência: Tirant Lo Blanch, 2010, p. 402.

[159] FONTAN BALESTRA, Carlos. *Derecho penal*. Introducción y Parte General. Buenos Aires: Abeledo-Perrot, 1998, p. 637

[160] VON LISZT, Franz. *Tratado de direito penal alemão*. Vol. I. História do Direito Brasileiro. Obra fac-similar. Brasília: Senado Federal, 2006, p. 465.

[161] ROXIN, Claus. *Derecho penal*. Parte General. Tomo I. Tradução de Diego Manuel Luzón Peña; Miguel Díaz y García Conlledo; Javier de Vicente Remesal. Madrid: Civitas, 1997, p. 971

[162] BITENCOURT, Cézar Roberto. *Tratado de direito penal*. Parte geral 1. 13. ed. São Paulo: Saraiva, 2008, p. 721.

[163] NUCCI, Guilherme de Souza. *Manual de direito penal*. 10. ed. Rio de Janeiro: Forense, 2014, p. 545.

crime, é a lei que extinguirá a punibilidade (a lei cria, a lei extingue).[164] Dessa forma, cumpre-se o princípio da legalidade (art. 5º, incisos II e XXXIX, CF/88).

Com fulcro na lição de Pérez Royo, do cometimento de crime tributário o ordenamento jurídico pode reagir de duas formas. A primeira é condenar ao ressarcimento do dano. A segunda hipótese consiste em impor sanção repressiva, com a intenção de castigar.[165] Assim, o pagamento é uma forma de ressarcir o prejuízo causado, afastando-se a reprimenda penal. Por sua vez, quando inadmitida essa hipótese reparadora, o castigo equivale à sanção prevista na lei, no caso, restrição à liberdade.

Cezar Roberto Bitencourt preleciona que, no âmbito dos crimes tributários, o pagamento do débito tributário e de seus acessórios sobreleva em importância na regularização com o Fisco. Considerando que no direito tributário o interesse precípuo do Estado é auferir o valor decorrente dos tributos, o legislador penal estabeleceu o pagamento da dívida tributária como a principal forma de extinguir a sanção decorrente dos referidos crimes.[166]

Disso resulta que nem sempre que haja determinada infração à lei penal ensejará peremptoriamente aplicação de castigo, uma vez que o ordenamento jurídico pode empregar outras reações, consoante lição de Jescheck.[167] Vale dizer, no âmbito dos crimes tributários em geral, o *pagamento integral* do valor devido extingue a punibilidade, tornando-a despicienda, ante a recomposição da lesão patrimonial ocasionada à Fazenda Pública.

De fato, a extinção da punibilidade pelo pagamento do valor devido constante do débito tributário é uma forma de descriminalização, assim como a renúncia de persecução penal e o arquivamento do

---

[164] Informe-se que a regra não é absoluta quanto à indispensabilidade da lei em sentido estrito para extinguir punibilidade de crimes, haja vista a competência privativa do Presidente da República de conceder indulto e comutar penas, que se dá mediante edição de Decreto presidencial, conforme art. 84, XII, bem como a competência exclusiva do Congresso Nacional de conceder anistia, nos termos do art. 48, VIII, CF/88.

[165] PÉREZ ROYO, F. *Infracciones y sanciones tributarias.* Instituto de Estudios Fiscales. Ministerio de Hacienda, Madrid, 1972, p. 104.

[166] BITENCOURT, Cezar Roberto. *Tratado de direito penal econômico.* Volume 1. São Paulo: Saraiva, 2016, p. 709.

[167] JESCHECK, Hans. *Tratado de derecho penal.* Parte general. Cuarta edición. Granada: Editorial Comares, 1993, p. 43.

processo em certos delitos, tendo respaldo na ciência jurídica estatal.[168] Denota-se aqui a materialização do princípio do *abolicionismo*, importante instrumento de política criminal, adotando-se outras formas de reação social frente a determinados crimes, de modo a afastar pena de prisão em delitos menos graves.[169]

Nesse sentido, foram criadas várias leis com o escopo de permitir ao devedor a regularização com o Fisco e, consequentemente, extinguir a punibilidade. Percebe-se efeito despenalizador de sanção tributária penal a previsão contida no art. 18 do Decreto-Lei nº 157/67, que versava sobre os crimes de sonegação fiscal. A Lei nº 8.137/90 também continha causa extintiva da punibilidade, bem como a Lei nº 8.383/91, a Lei nº 9.249/95 e a Lei nº 9.664/2000.[170]

Com efeito, o legislador pátrio, atento à política criminal, editou leis federais dispondo sobre a extinção da punibilidade de certos crimes tributários. Exemplificadamente, a Lei nº 9.430/96, em seu art. 83, trata sobre a representação fiscal para fins penais relativa aos crimes contra a ordem tributária previstos nos arts. 1º e 2º da Lei nº 8.137/90 e aos crimes contra a Previdência Social, previstos nos arts. 168-A e 337-A do Código Penal, determinando o encaminhamento ao Ministério Público depois de proferida a decisão final na esfera administrativa, sobre a exigência fiscal do crédito tributário correspondente.

Registre-se que o §1º do art. 83 da Lei nº 9.430/96 estabelece que, na hipótese de concessão de parcelamento do crédito tributário, a representação fiscal para fins penais somente será encaminhada ao Ministério Público após a exclusão do sujeito passivo do parcelamento. Ademais, com fulcro no §2º do art. 83, suspende-se a pretensão punitiva do Estado referente aos crimes supramencionados durante o período em que a pessoa física ou jurídica estiver incluída no parcelamento, caso o pedido de parcelamento tenha sido formulado antes do recebimento da denúncia criminal. Prosseguindo, o §4º do art. 83 prevê a extinção da punibilidade dos referidos crimes quando o devedor efetuar o pagamento integral dos débitos tributários que tiverem sido objeto de concessão de parcelamento.

---

[168] KAISER, Günter. *Introducción a la Criminología*. 7. ed. Traducción de José Arturo Rodrígues Núñez. Madrid: Editorial Dykinson, 1988, p. 85.

[169] HASSEMER, Winfried; MUÑOZ CONDE, Francisco. *Introducción a la criminología y a la política criminal*. Valencia: Tirant Lo Blanch, 2012, p. 243-244.

[170] BITENCOURT, Cezar Roberto. *Tratado de direito penal econômico*. Volume 1. São Paulo: Saraiva, 2016, p. 709-710.

Na mesma sistemática, a Lei nº 9.983, de 14 de julho de 2000, inseriu dispositivos ao Código Penal – art. 168-A e art. 337-A – prevendo a extinção de punibilidade do crime de *apropriação indébita previdenciária* se espontaneamente houver declaração, confissão e pagamento do valor devido pelo agente:

> Art. 168-A (...) §2º É extinta a punibilidade se o agente, espontaneamente, declara, confessa *e efetua o pagamento* das contribuições, importâncias ou valores e presta as informações devidas à previdência social, na forma definida em lei ou regulamento, antes do início da ação fiscal. (Grifo nosso)

Aqui, a norma exige expressamente o pagamento como condicionante, já que o agente se apropriara indevidamente do valor devido ao Estado. A redação da lei é clara nas condições estabelecidas, sendo condicionantes para obtenção do beneplácito penal.

Igualmente, também acrescido pela Lei nº 9.983/2000, o art. 337-A do Código Penal estabelece a extinção da punibilidade do crime de *sonegação de contribuição previdenciária*, possuindo a seguinte redação:

> Art. 337-A (...) §1º É extinta a punibilidade se o agente, espontaneamente, *declara e confessa* as contribuições, importâncias ou valores e presta as informações devidas à previdência social, na forma definida em lei ou regulamento, antes do início da ação fiscal. (Grifo nosso)

Esse caso, diferentemente do crime de apropriação indébita previdenciária, não exige imediatamente o pagamento, visto que o agente omitiu informações ao Fisco e não se apropriara, como no tipo penal anteriormente comentado. A redação da norma despenalizadora é clara ao exigir espontaneidade na declaração e confissão. Não obstante, o pagamento será devido após a "declaração do contribuinte", que possui o condão de constituir o crédito tributário, nos termos da súmula 436 do STJ: "A entrega de declaração pelo contribuinte reconhecendo débito fiscal constitui o crédito tributário, dispensada qualquer outra providência por parte do fisco". A despeito da extinção da punibilidade na seara penal, haverá a obrigação do agente na esfera tributária, subsistindo o dever de pagamento do tributo respectivo. *Ad argumentandum tantum*, as próprias leis especiais, concessivas da extinção da punibilidade tributária, exigem o pagamento integral do tributo respectivo, a exemplo do art. 9º da Lei nº 10.684/2003 e do art. 69 da Lei nº 11.641/2009, conforme será visto a seguir.

Outrossim, destaca-se a Lei nº 10.684, de 30 de maio de 2003, mormente o seu §2º. Tal fato decorre da ampliação das hipóteses de extinção de punibilidade de crimes tributários. Foi prevista não só a apropriação indébita previdenciária, como já constava na Lei nº 9.983/2000, como também foram incluídos os casos de sonegação de contribuição e os crimes dos artigos 1º e 2º contra a ordem tributária. O *caput* do art. 9º da Lei nº 10.684, de 30 de maio de 2003 possui a seguinte redação:

> Art. 9º É suspensa a pretensão punitiva do Estado, referente aos crimes previstos nos arts. 1º e 2º da Lei nº 8.137, de 27 de dezembro de 1990, e nos arts. 168A e 337A do Decreto-Lei nº 2.848, de 7 de dezembro de 1940 – Código Penal, durante o período em que a pessoa jurídica relacionada com o agente dos aludidos crimes estiver incluída no regime de parcelamento.

Já o parágrafo segundo do art. 9º da Lei nº 10.684/2003 dispõe propriamente da extinção da punibilidade dos crimes tributários mencionados na cabeça do artigo, com a seguinte redação: "§2º Extingue-se a punibilidade dos crimes referidos neste artigo quando a pessoa jurídica relacionada com o agente efetuar o pagamento integral dos débitos oriundos de tributos e contribuições sociais, inclusive acessórios". Por opção legislativa, o *pagamento integral* dos débitos tributários extingue a punibilidade dos ilícitos supramencionados. Essa previsão benéfica de natureza penal decorre também do fato de que o pagamento extingue o crédito tributário, consoante o art. 156, I, do CTN.

Portanto, o sujeito passivo, ao pagar o tributo devido que fora fraudado/sonegado, finda por extinguir o crédito tributário, não havendo motivo para a sanção – daí o fundamento do benefício penal. Ademais, o princípio da intervenção mínima preceitua que o Estado intervenha criminalizando condutas somente quando for realmente necessário, evitando sanções penais desinfluentes. Essa política criminal atende aos mais importantes princípios modernos do direito penal e promove a consciência da sociedade, afigurando-se suficiente na prevenção e repressão delitiva. Nesse passo, o art. 69 da Lei nº 11.641, de 27 de maio de 2009, previu a extinção da punibilidade de crimes tributários constantes na Lei nº 8.137/90 e nos artigos 168-A e 337-A do Código Penal, conforme transcrição abaixo:

Art. 68. É suspensa a pretensão punitiva do Estado, referente aos crimes previstos nos arts. 1º e 2º da Lei nº 8.137, de 27 de dezembro de 1990, e nos arts. 168-A e 337-A do Decreto-Lei nº 2.848, de 7 de dezembro de 1940 – Código Penal, limitada a suspensão aos débitos que tiverem sido objeto de concessão de parcelamento, enquanto não forem rescindidos os parcelamentos de que tratam os arts. 1º a 3º desta Lei, observado o disposto no art. 69 desta Lei. (...) Art. 69. Extingue-se a punibilidade dos crimes referidos no art. 68 quando a pessoa jurídica relacionada com o agente efetuar o pagamento integral dos débitos oriundos de tributos e contribuições sociais, inclusive acessórios, que tiverem sido objeto de concessão de parcelamento.

Hipóteses de aplicação dessa norma findou sendo questionada judicialmente. Para infirmar dúvidas, manifestou-se o Pretório Excelso, sendo pacífica a jurisprudência do Supremo Tribunal Federal:[171]

Ação Penal. Crime tributário. Tributo. Pagamento após o recebimento da denúncia. Extinção da punibilidade. Decretação. HC concedido de ofício para tal efeito. Aplicação retroativa do *art. 9º da Lei federal nº 10.684/03*, cc. art. 5º, XL, da CF, e art. 61 do CPP. *O pagamento do tributo, a qualquer tempo, ainda que após o recebimento da denúncia, extingue a punibilidade* do crime tributário. (Grifo nosso)

No mesmo sentido, decisão do Supremo Tribunal Federal[172] mais recente corroborou o entendimento: "3.1 *A extinção da punibilidade pelo pagamento do débito tributário* encontra respaldo na regra prevista no artigo 69 da Lei nº 11.941/2009, que *não disciplina qualquer limite ou restrição em desfavor do agente* (...) 4. Pedido de extinção da punibilidade em virtude do pagamento do débito tributário acolhido".

Como visto alhures, o legislador previu as hipóteses de extinção de punibilidade e estabeleceu os respectivos critérios. O julgado do STF é deveras relevante e paradigmático, uma vez que considera o pagamento do valor devido, realizado a qualquer tempo, como meio hábil para extinguir a punibilidade. Dessa forma, a interpretação do

---

[171] STF. Supremo Tribunal Federal. Primeira Turma. HC 81929/RJ. Rel. Min. Sepúlveda Pertence. Rel. para acórdão Min. Cezar Peluso. Julgamento: 16/12/2003. Publicação DJ 27-02-2004 PP-00032 EMENT VOL-02141-04 PP-00780.
[172] STF. Supremo Tribunal Federal. Tribunal Pleno. AD 516 ED/DF. Rel. Min. Ayres Britto. Rel. para acórdão Min. Luiz Fux. Julgamento: 05/12/2013. Publicação ACÓRDÃO ELETRÔNICO DJe-148 – divulgado em 31-07-2014, publicado em 01-08-2014.

Pretório Excelso não se limita a requisitos temporais que prejudicariam o condenado.

A decisão afigura-se acertada, haja vista que, a um só tempo, promove a recomposição do dano, bem como atende ao princípio da interpretação mais favorável ao réu (*in dubio pro reu*).

2.3 Repercussão no Direito Financeiro

Nesse momento, cabe apreciar as consequências da aplicação da teoria do adimplemento substancial nos crimes tributários sob a perspectiva do direito financeiro. Isso, porque, considerando que os crimes tributários decorrem do não pagamento do tributo mediante fraude, sua ocorrência finda prejudicando a receita fiscal prevista, ou seja, as finanças públicas.

Antes de analisar propriamente o impacto da adoção dessa teoria, necessário entender o conceito e as generalidades da disciplina jurídica denominada "direito financeiro", a fim de se ter maior compreensão da problemática.

2.3.1 Conceito de Direito Financeiro

É cediço que o direito financeiro integra ramo do Direito Público, devendo ser analisado considerando-se o interesse estatal precípuo na obtenção de recursos, com o escopo de se ter condições para suprir as despesas da coletividade.

Na perspectiva finalística, o direito financeiro refere-se às finanças do Estado. O vocábulo "finanças" deriva da palavra francesa *finances*, que possui sentido de um "conjunto de meios, recursos e instrumentos utilizados pelo Estado para o cumprimento de suas funções, tendo como meta satisfazer as necessidades coletivas ou realizar os seus fins". Além disso, as finanças públicas "abrangem a matéria da receita, despesa, orçamento e crédito público".[173]

No magistério de Harada,[174] "direito financeiro é o ramo do Direito Público que estuda a atividade financeira do Estado sob o

---

[173] FERREIRA, Pinto. *Comentários à Constituição brasileira*. 6º Volume. Saraiva: São Paulo, 1994, p. 2.
[174] HARADA, Kiyoshi. *Direito financeiro e tributário*. 14. ed. São Paulo: Atlas, 2005, p. 46.

ponto de vista jurídico". De acordo com Aliomar Baleeiro,[175] direito financeiro trata de "obtenção e dispêndio do dinheiro necessário ao funcionamento dos serviços a cargo do Estado, ou de outras pessoas de direito público, assim como os efeitos outros resultantes dessa atividade governamental". O Estado não só possui a atribuição de organizar politicamente a sociedade e monopolizar o poder, mas sobretudo tem o dever de promover os serviços públicos à população. A cada novo serviço ou atividade que o Estado se propõe a ofertar, maior será o gasto e a necessidade de recursos para o custeio.[176]

Sem embargo, direito financeiro não se limita unicamente à obtenção de recursos de caráter fiscal, ostentando por vezes "caráter extrafiscal", ou seja, utiliza instrumentos para atingir certas finalidades, de natureza econômica ou política (diminuir inflação, reduzir desemprego, promover a indústria nacional etc.).[177] Nesse sentido, as finanças públicas refletem o sistema econômico adotado, sendo um mecanismo de atuação do Estado na esfera econômica.[178]

2.3.2 Necessidades públicas

Ao discorrer sobre direito financeiro, a nomenclatura "necessidades" constitui tema inafastável. Isso, porque existem necessidades que são de natureza coletiva ou pública, resultando na associação de pessoas com escopo de atender às necessidades comuns. Assim, são satisfeitas por intermédio de organizações políticas (Estado, Província, Região, Município etc.).[179] Essas necessidades são de interesse genérico dos indivíduos componentes de um agrupamento político.

É sabido que cabe ao Estado a organização do agrupamento humano, levando-se em consideração as características comuns dos "grupos políticos". Com fulcro na lição de E. R. A. Seligman e M. Fasiani, as características dos "grupos políticos" consistem em: *universalidade*

---

[175] BALEEIRO, Aliomar. *Uma introdução à ciência das finanças*. Atualizador: Dejalma de Campos. 16. ed. Rio de Janeiro: Forense, 2008, p. 8-9.
[176] BALEEIRO, Aliomar. *Uma introdução à ciência das finanças*. Atualizador: Dejalma de Campos. 16. ed. Rio de Janeiro: Forense, 2008, p. 3.
[177] BALEEIRO, Aliomar. *Uma introdução à ciência das finanças*. Atualizador: Dejalma de Campos. 16. ed. Rio de Janeiro: Forense, 2008, p. 10-11.
[178] PINTO FERREIRA. *Comentários à Constituição brasileira*. 6º Volume. Saraiva: São Paulo, 1994, p. 3.
[179] NAHARRO MORA, José Maria. *Lecciones de hacienda pública* (Principios generales). 3. ed. Madrid: Marsiega, 1952, p. 10-12.

(grupo compreende todos os sujeitos disponíveis que o integrem); *coatividade* (todos os sujeitos submetem-se às normas reguladoras); *heterogeneidade e variação dos fins* (os interesses e as finalidades são múltiplos e diversos); *indefectibilidade* (o grupo total não perece, e suas atividades não se extinguem, a despeito de inação temporal, tendo o caráter da perpetuidade).[180]

Tais elementos são verificáveis e compõem a unidade política estatal, devendo o Estado alinhavar os diversos interesses do agrupamento humano que compõe o país e promover o bem de todos, nos termos do art. 3º, IV, CF/88.

Nesse passo, o Estado brasileiro é uma pessoa jurídica de direito público (art. 41 e 42 C.C.). Sendo uma "pessoa" – ainda que "pessoa jurídica" –, carece de recursos para a satisfação de suas necessidades. Não obstante, as necessidades do Estado diferem frontalmente das dos particulares em geral, haja vista que ao Estado cabe precipuamente satisfazer os interesses dos seus cidadãos. Assim, a finalidade primordial é promover o bem comum.

Considerando o dever estatal de atuar em prol do bem comum, desencadear-se-á a "atividade financeira", que tem por escopo auferir receita para depois utilizá-la como gastos coletivos. Por conseguinte, surge o "fenômeno financeiro", que consiste em processo destinado à "satisfação das necessidades públicas e obtenção dos recursos públicos".[181]

Com efeito, a satisfação das necessidades coletivas é tema inerente e antigo à problemática das finanças públicas, porquanto quando as despesas são mal utilizadas, não há receita que supra os débitos do Estado. Exemplificadamente, Aristóteles, em seu livro "Política", já advertia que "as finanças públicas constituem outro problema, pois são mal gerenciadas. Esparta é obrigada a empreender longas guerras, mas nunca há dinheiro no Tesouro".[182] Daí decorre a essencialidade do equilíbrio na gestão das contas públicas, a fim de manter a higidez financeira da nação, bem como a alocação de recursos nas áreas que realmente demandem investimento estatal.

---

[180] NAHARRO MORA, José Maria. *Lecciones de hacienda pública* (Principios generales). 3. ed. Madrid: Marsiega, 1952, p. 16-17.
[181] PINTO FERREIRA. *Comentários à Constituição Brasileira*. 6º Volume. Saraiva: São Paulo, 1994, p. 4.
[182] ARISTÓTELES. *Política*. Os pensadores. São Paulo: Nova Cultural, 2000, p. 200.

De fato, é notório que o Estado aumentou consideravelmente sua atuação ao longo do tempo, mormente em sua atividade prestacional. Percebe-se ao analisar os inúmeros direitos assegurados na Constituição Federal de 1988, bem como na legislação infraconstitucional. Os novos e densos direitos decorrem da visão política que favorece a efetivação dos direitos decorrentes da cidadania. O professor Regis Fernandes de Oliveira preleciona:[183]

> Com o agigantamento do Estado e sua intervenção em quase todas as atividades humanas, cresce a importância do estudo das necessidades públicas. Cuida-se, antes de tudo, para preenchimento do conceito, de uma decisão política. O Estado é quem vai dizer, para usar verbo vicário, no texto constitucional e nas leis posteriores, quais as necessidades que vai encampar como públicas.

Disso resulta que o Estado tem o dever de atender aos interesses coletivos estampados no ordenamento jurídico. A prestação de serviços públicos e a intervenção na sociedade em seus vários aspectos expressam atividade de notável destaque. Para tanto, requer as atividades legislativa, executiva e judiciária. Preleciona a doutrina:[184]

> Cabe ao Estado prestar serviços públicos (art. 21 – União; art. 30, V – Municípios; e art. 25, §2º – Estados-Membros), regular a atividade econômica (art. 174), prestar serviços públicos, mediante permissão ou concessão (art. 175), explorar a atividade econômica (art. 173), inclusive em regime de monopólio (art. 177), exercer poder de polícia (arts. 192, 182 e outros) e documentar a vida política, econômica e pessoal da nação etc.

Portanto, são diversas as obrigações atribuídas ao Poder Público. Como forma de atender a esse dever, o Estado requer meios de realização, sendo o mais conhecido a exigência de tributos. Esse modelo de obtenção de recurso é conhecido, pelo direito financeiro, como receita pública tributária, tema do próximo tópico.

---

[183] OLIVEIRA, Regis Fernandes de. *Curso de direito financeiro*. 3. ed. São Paulo: Editora Revista dos Tribunais, 2010, p. 68.
[184] OLIVEIRA, Regis Fernandes de. *Curso de direito financeiro*. 3. ed. São Paulo: Editora Revista dos Tribunais, 2010, p. 70.

2.3.3 Receita pública tributária

Ao Estado foi incumbida a responsabilidade de atender aos interesses da coletividade. Para fazer frente aos incontáveis dispêndios, imperiosa a obtenção de recursos públicos, sendo a forma mais comum a oriunda dos cidadãos. Isso se dá mediante a instituição do tributo. O tributo é uma das grandes questões da *política fiscal*, que trata justamente da forma de cobrir os gastos coletivos, bem como se o Estado deve utilizar o imposto ou o empréstimo para atender às despesas de interesse social.[185] Para Jorge Caldeira, "os governos se mantêm graças ao que arrecadam dos governados e ao que conseguem emprestado".[186] De maneira mais ampla, a Harrison Leite preleciona sobre a forma de obtenção de recursos pelo Estado, a fim de suprir as diversas necessidades coletivas:[187]

> Assim, seja explorando o seu patrimônio, como acontece com países de elevados recursos naturais (Iran, Catar), seja cobrando tributos, como se dá com a imensa maioria dos países (Brasil, EUA), o certo é que o Estado precisa de recursos para fazer face às despesas públicas. No decorrer do tempo, diversas formas de obtenção de recursos já foram empregadas. Desde extorsões, exploração do inimigo vencido, exploração dos bens do próprio Estado, empréstimos forçados, fabricação de dinheiro em excesso, o certo é que ao longo da história os Estados buscaram de diversas formas obter receitas.

Acerca do tributo como principal instrumento da política fiscal, consoante a Norma Brasileira de Contabilidade, NBC TSP 01, de 21 de outubro de 2016, os tributos constituem "a maior fonte de receitas de muitos governos e de outras entidades do setor público".[188] O tributo realmente ostenta esse caráter patrimonial, sendo o dinheiro a forma mais viva de manifestação econômica.[189] Essa prestação de natureza

---

[185] LAURE, Maurice. *Tratado de politica fiscal*. Traducción por Manuel García – Margallo Riaza. Madrid: Editorial de Derecho Financiero, 1960, p. 18-19.
[186] CALDEIRA, Jorge. *História da riqueza no Brasil*. Rio de Janeiro: Estação Brasil, 2017, p. 51.
[187] LEITE, Harrison. *Manual de direito financeiro*. 6. ed. Salvador: Juspodivm, 2017, p. 209.
[188] FEREIRA DOS SANTOS, Carlos Eduardo. *Normas de contabilidade no setor público*. Brasília: Amazon Kindle Direct Publishing, 2019, p. 125.
[189] CARVALHO, Paulo de Barros. *Curso de direito tributário*. 24. ed. São Paulo: Saraiva, 2012, p.359.

patrimonial é imprescindível, pois é o meio financeiro que o Estado se vale para a consecução dos seus objetivos.[190]

Com efeito, o tributo é a principal forma de auferir *receita pública*. De acordo com definição de Aliomar Baleeiro, a expressão "receita pública" significa a entrada (quantia recebida no cofre público) que integra o patrimônio público sem reservas, condições ou outras consequências que comprometam o passivo, de modo a aumentar o seu montante, como elemento novo e positivo. Sinteticamente, a receita pública tributária consiste na quantia recebida na conta do Tesouro de forma permanente, tendo natureza derivada, porquanto deriva dos contribuintes, por meio de exigência legal para sua arrecadação – tributos em geral.[191]

Assim, o tributo constitui expressão preponderante na obtenção de receita pública, sendo os recursos provindos da sociedade, na qual recai a carga tributária. Nesse aspecto, a tributação imposta é salutar, na medida em que os próprios destinatários auxiliam no custeio das atividades públicas que eles mesmos, de algum modo, utilizam. Como contrapartida, o Poder Público disponibiliza prestação estatal em sentido amplo, nomeadamente a realização da organização social, o estabelecimento dos poderes públicos, a criação de órgãos estatais, o fornecimento de serviços de interesse público, o exercício de atividades típicas de Estado – polícia, fiscalização, jurisdição etc.

Portanto, mediante a tributação, os próprios beneficiários contribuem para o atendimento dos serviços de interesse da sociedade, que eles mesmos utilizarão de alguma maneira, ainda que de forma indireta.

2.3.4 Responsabilidade fiscal

A responsabilidade nas contas públicas é assunto inerente ao direito financeiro, requerendo inarredável atenção. Ora, a responsabilidade fiscal exige respeito às normas acerca do gasto público e à obtenção de receita. Consoante Maurice Laure, a decisão sobre um dispêndio decorre da comparação entre o interesse almejado pelo governo e as possibilidades da nação, sobretudo a capacidade econômica de atender

---

[190] MACHADO, Hugo de Brito. *Curso de direito tributário*. 31. ed. São Paulo: Malheiros, 2010, p. 62.
[191] BALEEIRO, Aliomar. *Uma introdução à ciência das finanças*. Atualizador: Dejalma de Campos. 16. ed. Rio de Janeiro: Forense, 2008, p. 150 a 152.

às mudanças advindas. Deve-se estabelecer uma adequada capacidade contributiva que satisfaça os projetos de gastos públicos.[192]

De acordo com lição de Benedicto de Tolosa, "gestão fiscal" exercida de maneira responsável deve seguir regras no trato das finanças públicas, a saber: a) prevenção de *déficits* que sejam imoderados e reiterados; b) limitação da dívida a um nível considerado prudente; c) gestão adequada de custos e prazos de maturação da dívida; d) preservação do patrimônio líquido em um nível adequado, de modo a proporcionar margem segurança caso haja impactos imprevistos; e) política tributária previsível e estável; f) limitação prudente dos gastos continuados; g) compensação dos efeitos derivados do acréscimo significativo dos gastos; h) prevenção de desequilíbrio nas contas públicas; i) prudência na administração dos riscos fiscais; j) permanente planejamento de atuação estatal, observando-se o plano plurianual, a lei de diretrizes e a lei orçamentária; l) transparência nas fases de elaboração e divulgação dos documentos orçamentários; m) acesso amplo da sociedade às contas públicas; n) limitação do endividamento público; o) requisitos e restrições para a criação de despesas; p) limitação com as despesas de pessoal; q) prudência na administração das finanças e no patrimônio de natureza pública; por fim, r) aplicação de medidas corretivas e punitivas em caso de desvios.[193]

Como visto, são várias as diretrizes para uma responsabilidade fiscal responsável, mas o escopo é o mesmo: estatuir regras objetivas que preservem as finanças públicas de maneira equilibrada e racional, evitando severos prejuízos à nação.

Registre-se ainda a necessidade de haver respeito pelas gerações futuras na perspectiva da responsabilidade fiscal, assim como no direito ambiental, haja vista os relevantes impactos das escolhas políticas de hoje sobre as gerações posteriores, de modo a não as onerar por excessivos gastos do presente momento.[194]

Diante da inegável essencialidade, a responsabilidade fiscal é matéria com assento na Constituição Federal de 1988, bem como em legislação infraconstitucional, especialmente na Lei Complementar

---

[192] LAURE, Maurice. *Tratado de política fiscal*. Traducción por Manuel García – Margallo Riaza. Madrid: Editorial de Derecho Financiero, 1960, p. 17.18.

[193] TOLOSA FILHO, Benedicto de. *Comentários à Nova Lei de Responsabilidade Fiscal*. Rio de Janeiro: Temas & Ideias, 2000, p. 27-29.

[194] MENDES, Gilmar Ferreira. *Lei de Responsabilidade Fiscal*. (Org. MARTINS, Ives Gandra da Silva; NASCIMENTO, Carlos Valder do). São Paulo: Saraiva, 2001, p. 341.

nº 101, de 4 de maio de 2000 (LRF). O art. 165, §6ª da Carta Magna dispõe que "o projeto de lei orçamentária será acompanhado de demonstrativo regionalizado do efeito, sobre as receitas e despesas, decorrente de isenções, anistias, remissões, subsídios e benefícios de natureza financeira, tributária e creditícia".

Por sua vez, o Estado deve arrecadar os tributos de sua competência, com o escopo de permitir a realização das políticas públicas. O art. 11 da Lei de Responsabilidade Fiscal determina que os estados prevejam e arrecadem os tributos de sua competência, estabelecendo que "constituem requisitos essenciais da responsabilidade na gestão fiscal a instituição, previsão e efetiva arrecadação de todos os tributos da competência constitucional do ente da Federação".

Ora, a manutenção do Estado e a realização das diversas prestações exigem recurso financeiro para custeá-las, razão pela qual a instituição e a arrecadação dos tributos são medidas de rigor que se impõem, sob pena de esvaziar os direitos assegurados na Carta Cidadã. Inclusive serviços essenciais como a saúde e a educação possuem disposição específica. Nomeadamente, o art. 198, §2º, da CF/88 dispõe sobre percentuais mínimos a serem aplicados na saúde pela União, Estados, Distrito Federal e Municípios, conforme o valor arrecadado na receita corrente líquida[195] do exercício financeiro:

> §2º A União, os Estados, o Distrito Federal e os Municípios aplicarão, anualmente, em ações e serviços públicos de *saúde* recursos mínimos derivados da aplicação de percentuais calculados sobre:
> I – no caso da União, a receita corrente líquida do respectivo exercício financeiro, não podendo ser inferior a 15% (quinze por cento);
> II – no caso dos Estados e do Distrito Federal, o produto da arrecadação dos impostos a que se refere o art. 155 e dos recursos de que tratam os arts. 157 e 159, inciso I, alínea a, e inciso II, deduzidas as parcelas que forem transferidas aos respectivos Municípios;

---

[195] Receita corrente líquida é: "IV – somatório das receitas tributárias, de contribuições, patrimoniais, industriais, agropecuárias, de serviços, transferências correntes e outras receitas também correntes, deduzidos: a) na União, os valores transferidos aos Estados e Municípios por determinação constitucional ou legal, e as contribuições mencionadas na alínea a do inciso I e no inciso II do art. 195, e no art. 239 da Constituição; b) nos Estados, as parcelas entregues aos Municípios por determinação constitucional; c) na União, nos Estados e nos Municípios, a contribuição dos servidores para o custeio do seu sistema de previdência e assistência social e as receitas provenientes da compensação financeira citada no §9º do art. 201 da Constituição" – art. 2º, IV, da LC 101/2000.

III – no caso dos Municípios e do Distrito Federal, o produto da arrecadação dos impostos a que se refere o art. 156 e dos recursos de que tratam os arts. 158 e 159, inciso I, alínea b e §3º. (Grifo nosso)

No que se refere ao custeio da educação, a Constituição Federal de 1988 igualmente determinou percentuais mínimos a serem aplicados pela União, pelos Estados, pelo Distrito Federal e pelos Municípios, conforme o art. 212:

> Art. 212. A União aplicará, anualmente, nunca menos de dezoito, e os Estados, o Distrito Federal e os Municípios vinte e cinco por cento, no mínimo, da receita resultante de impostos, compreendida a proveniente de transferências, na manutenção e desenvolvimento do *ensino*. (Grifo nosso)

Afora isso, a Emenda Constitucional nº 95, de 15 de dezembro de 2016, estabeleceu um novo regime fiscal, limitando os gastos públicos para as despesas primárias:

> Art. 106. Fica instituído o Novo Regime Fiscal no âmbito dos Orçamentos Fiscal e da Seguridade Social da União, que vigorará por vinte exercícios financeiros, nos termos dos arts. 107 a 114 deste Ato das Disposições Constitucionais Transitórias. Art. 107. Ficam estabelecidos, para cada exercício, limites individualizados para as despesas primárias.

No que se refere à modificação no regime fiscal proveniente da EC nº 95 de 2016, segundo o glossário da Prefeitura de São Paulo, a locução *despesa primária* é "também conhecida como despesa não-financeira, corresponde ao conjunto de gastos que possibilita a oferta de serviços públicos à sociedade, deduzidas às despesas financeiras. São exemplos os gastos com pessoal, custeio e investimento. Pode ser de natureza obrigatória ou discricionária".[196] A seu turno, o Conselho de Finanças Públicas esclarece: "a despesa primária é a despesa antes de juros. Em contabilidade pública trata-se da despesa efetiva antes de juros e outros encargos da dívida".[197] De maneira mais ampla e técnica, o Manual

---

[196] BRASIL. Prefeitura de São Paulo. *Glossário*. Portal da Transparência. Disponível em: http://transparencia.prefeitura.sp.gov.br/Lists/Glossario/DispForm.aspx?ID=83. Acesso em: 01 jan. 2020.
[197] BRASIL. Conselho de Finanças Públicas. *Glossário* – Despesa primária. Disponível em https://www.cfp.pt/pt. Acesso em: 01 jan. 2020.

Técnico do Orçamento do Ministério do Planejamento, Desenvolvimento e Gestão 2018 dispõe:[198]

> O resultado primário mede o comportamento fiscal (arrecadação/gasto) do Governo, representado pela diferença entre a arrecadação de impostos, taxas, contribuições e outras receitas inerentes à função arrecadadora do Estado, excluindo-se as receitas de aplicações financeiras, e as despesas orçamentárias, excluídas as despesas com amortização, juros e encargos da dívida, bem como as despesas com concessão de empréstimos. Em síntese, o cálculo do resultado primário é uma forma de avaliar se o Governo está ou não operando dentro de seus limites orçamentários, ou seja, se está ocorrendo redução ou elevação do endividamento do setor público, o que justifica a importância do seu monitoramento contínuo.

Outrossim, elemento constante no controle das finanças é a contabilidade pública, inegável instrumento na verificação objetiva dos créditos orçamentários vigentes, da despesa empenhada e da despesa pública realizada (art. 90, Lei nº 4.320/64).

Como medida de avaliação do aspecto fiscal, a Norma Brasileira de Contabilidade, NBC TSP 11, de 18 de outubro de 2018, regula a apresentação das demonstrações contábeis. As *demonstrações contábeis* representam a estrutura patrimonial do ente público, subsidiam a tomada de decisão, promovem a prestação de contas e a responsabilização pelos recursos que lhe foram entregues. Para atingir tal mister, as demonstrações contábeis contêm informações sobre os ativos, passivos, patrimônio líquido, receitas, despesas, alterações no patrimônio e fluxo de caixa, bem como proporciona visão prospectiva quanto aos recursos necessários para as despesas contínuas.[199]

Diante disso, sobreleva a necessidade de controle dos gastos públicos, de forma a equilibrar as diversas despesas e mitigar o impacto da execução orçamentária caso a receita estimada não se realize. Nesses termos, é essencial a arrecadação da receita tributária, de forma a favorecer o orçamento e permitir a prestação de serviços essenciais à população.

---

[198] BRASIL. Ministério do Planejamento, Desenvolvimento e Gestão. Brasília: *Manual técnico de rçamento* – 2018. p. 95. Disponível em: https://www1.siop.planejamento.gov.br/mto/lib/exe/fetch.php/mto2018:170620_mto_atual_versao-2.pdf.

[199] FERREIRA DOS SANTOS, Carlos Eduardo. *Normas de contabilidade no setor público*. Brasília: Kindle Direct Publishing – Amazon, 2019, p. 426-433.

Não obstante, por vezes há o interesse do Estado em renunciar a receita inicialmente prevista. O conceito de *renúncia fiscal* alude à desistência voluntária do direito de instituir ou cobrar tributo pelo sujeito ativo da obrigação tributária, abrangendo a isenção, a anistia, a remissão etc. Por diversas razões, o Estado utiliza o instituto da renúncia, seja por questões políticas, econômicas, sociais, eleitorais entre outras. O importante é que, para que a renúncia fiscal atenda aos ditames da legislação, inafastável o cumprimento do art. 165, §6ª da CF/88 e do art. 14 da LRF, que requer a previsão da estimativa do impacto, a demonstração de que não afetará as metas fiscais ou que haja medidas compensatórias:

> Art. 14. A concessão ou ampliação de incentivo ou benefício de natureza tributária da qual decorra *renúncia de receita* deverá estar acompanhada de estimativa do impacto orçamentário-financeiro no exercício em que deva iniciar sua vigência e nos dois seguintes, atender ao disposto na lei de diretrizes orçamentárias e a pelo menos uma das seguintes condições:
> I – demonstração pelo proponente de que a renúncia foi considerada na estimativa de receita da lei orçamentária, na forma do art. 12, e de que não afetará as metas de resultados fiscais previstas no anexo próprio da lei de diretrizes orçamentárias;
> II – estar acompanhada de medidas de compensação, no período mencionado no caput, por meio do aumento de receita, proveniente da elevação de alíquotas, ampliação da base de cálculo, majoração ou criação de tributo ou contribuição.
> §1º A renúncia compreende anistia, remissão, subsídio, crédito presumido, concessão de isenção em caráter não geral, alteração de alíquota ou modificação de base de cálculo que implique redução discriminada de tributos ou contribuições, e outros benefícios que correspondam a tratamento diferenciado. (Grifo nosso)

Portanto, o cumprimento dos preceitos estatuídos na LRF é requisito essencial como instrumento para garantir a responsabilidade na gestão fiscal. Ora, a responsabilidade é justamente antever os resultados de seus atos e assumir as consequências pelas escolhas realizadas.

Na esfera do direito financeiro, é mister que os governantes observem os preceitos constitucionais e legais, bem como as normas técnicas. Além disso, na concessão de benefícios fiscais, é imperioso o atendimento do interesse primário da sociedade, de sorte que os beneplácitos sejam concedidos como instrumento propulsor da economia, da circulação de riqueza, na distribuição de renda e na diminuição das desigualdades sociais existentes no país. *Mutatis mutandis*, a tributação e a renúncia fiscal devem proporcionar a "justiça como equidade",[200] a que faz menção John Rawls:

> Podemos expressar essa ideia dizendo que na justiça como equidade o conceito do justo precede o de bem. Um sistema social justo define o âmbito dentro do qual os indivíduos devem criar seus objetivos, e serve de estrutura de direitos e oportunidades e meios de satisfação, dentro da qual e pela qual se pode procurar e alcançar esses fins.

Com efeito, a realização dos direitos assegurados na Constituição Federal de 1988 requer a existência de recursos públicos suficientes, infraestrutura, equipamentos, serviços adequados, serviços de qualidade, servidores públicos, procedimentos, planejamento etc. Em outras palavras, o recurso auferido da tributação consiste em instrumento essencial na garantia de direitos constitucionais em prol da realização de políticas públicas. Nesse sentido, a doutrina[201]

> É que, tendo o Poder Público, como objetivos fundamentais, a educação, a saúde, a defesa externa, a justiça, a habitação e o transporte, tudo fica muito prejudicado, uma vez que, não tendo recursos, ou sendo eles devidos, há fatal prejuízo à boa prestação de tais serviços.

Assim, a responsabilidade na gestão fiscal exige a previsão e a efetiva arrecadação do tributo. Por sua vez, eventual renúncia fiscal deve cumprir os ditames constitucionais e legais, especialmente a LRF, permitindo a existência de recursos financeiros para a realização de direitos fundamentais.

A adoção da teoria do adimplemento substancial nos crimes tributários – aplicada descomedidamente e ao arrepio das normas de direito financeiro – finda repercutindo negativamente sobre as finanças do Estado. Isso, porque configura redução da receita tributária inicialmente prevista, prejudicando a ampla efetivação de políticas públicas, inclusive os serviços mais elementares, a exemplo da destinação de recursos para a saúde e o ensino, conforme a técnica constitucional

---

[200] RAWLS, John. *Uma teoria de justiça*. Edição revista. São Paulo: Martins Fontes, 2016, p. 38.
[201] OLIVEIRA, Regis Fernandes de. *Curso de direito financeiro*. 3. ed. São Paulo: Editora Revista dos Tribunais, 2010, p. 259.

de repartição da receita tributária prevista nos artigos 198, §2º, e 212 da Carta Magna.

Por conseguinte, a concessão de benefícios fiscais (isenção e anistia), como forma de autorizar a aplicação da teoria do adimplemento nos crimes tributários, é ato que exige comedimento e avaliação conjunta, haja vista a repercussão negativa na perspectiva do direito financeiro, consistente na redução de receita para promoção de interesses sociais.

CAPÍTULO 3

ADIMPLEMENTO SUBSTANCIAL E CRIMES TRIBUTÁRIOS

Perpassada a temática do direito privado, obrigações no direito civil, direito público, obrigações no direito tributário, crimes tributários e repercussão no direito financeiro, neste momento a questão é avaliar a possibilidade de aplicação da teoria do adimplemento substancial nos crimes tributários em geral. Necessária essa caminhada entre os diversos ramos jurídicos, porque agora confronta-se a aplicabilidade ou não da respectiva teoria nos crimes tributários.

Em outras palavras, o adimplemento significativo ou quase total do tributo sonegado/fraudado é capaz de autorizar a extinção da punibilidade dos crimes tributários, por considerar substancialmente adimplida a obrigação, assim como no direito civil?

Para responder a essa pergunta, que envolve diversos ramos da ciência jurídica, revela-se útil mencionar sobre a unicidade do direito, a autonomia do direito público face ao direito privado, o diálogo das fontes bem como seus sucedâneos legais.

3.1 Unicidade do Direito

É cediço que o Direito é uno, sendo as diversas disciplinas ramos que disciplinam matérias específicas, a exemplo do direito administrativo, constitucional, civil, tributário, penal, processual etc.

Preleciona o constitucionalista José Afonso da Silva que "o Direito é fenômeno histórico-cultural, realidade ordenada, ou ordenação normativa da conduta segundo uma conexão de sentido. Consiste num sistema normativo. Como tal, pode ser estudado por unidades estruturais que o compõem, sem perder de vista a totalidade de suas manifestações. Essas unidades estruturais ou dogmáticas do sistema jurídico constituem as divisões do Direito, que a doutrina denomina de ramos da ciência jurídica".[202]

A divisão do Direito em ramos de diversas matérias é salutar, visto que permite a normatização específica do conteúdo jurídico, a valorização da própria temática estudada, a criação de princípios e normas próprios, promove a autonomia didático-científica, bem como facilita o aprendizado.

Inicialmente, poder-se-ia indagar se um princípio ou teoria de certo ramo jurídico poderia ser aplicado em outro ramo, intercambiando os preceitos, já que ambos compõem a mesma árvore jurídica: o Direito.

Entretanto, dessa simbiose de teorias jurídicas podem ocorrer conflitos ou insuficiências normativas. Isso ocorre porque o Direito é uno, mas as matérias jurídicas que o compõem possuem princípios e regras próprios, bem como modalidades específicas de solução de conflito aparente de regras. Exemplificadamente, numa colisão de princípios de direito civil e de direito penal, qual prevalece? Ou em eventual conflito entre normas de direito tributário e de direito penal, qual deve ter primazia?

O resultado é que cada ramo jurídico valora distintamente seus próprios cânones, que são específicos, conforme a matéria tratada, de modo que cada um regula e confere preponderância aos próprios preceitos e valores, que findam colidindo com outros princípios e valores de diferentes ramos jurídicos.

Sendo assim, para verificar a suposta aplicabilidade da teoria do adimplemento substancial nos crimes tributários, primeiramente exsurge o debate acerca da viabilidade jurídica de translação de um princípio do direito privado para o direito público, tema do tópico a seguir.

3.2 É possível transladar instituto de direito privado para o direito público?

Comparativamente, o direito privado estruturou-se tecnicamente antes do direito público. Em que pese o direito privado conter formação mais antiga que o direito público, e este último utilizar-se da tecnicidade

---
[202] SILVA, José Afonso da. *Curso de direito constitucional positivo*. 9. edição. São Paulo: Editora Malheiros, 1994, p. 35.

do primeiro, o direito privado é determinado pelo direito público, visto que este representa o interesse geral da sociedade.[203]

Por conseguinte, o conteúdo das normas de direito privado é ordenado pelo direito público, haja vista a predominância dos interesses da coletividade. A primazia do direito público frente ao direito privado constitui diferença nuclear a respeito de eventual translação entre os institutos.

As normas de direito privado e de direito público "representam preceitos de conduta necessários à ordem da sociedade". Malgrado a importância no ato de regular as relações, as aludidas normas se "revestem de formas diversas e apresentam grande variação no tocante à natureza das relações sociais a que presidem e dos interesses que disciplinam e delimitam".[204] Por isso que o Direito é dividido em ramos jurídicos, a fim de diversificar o âmbito de aplicação dos princípios e regras próprios, consoante as peculiaridades que lhe são ínsitas.

Foram vistas, alhures, as características das obrigações do direito civil e das obrigações do direito tributário, sendo notórias as dessemelhanças. Especificamente, no primeiro e no segundo capítulos deste estudo, verificou-se diferenças acerca da natureza da obrigação, a finalidade obrigacional, a distinção entre norma regente e dispositiva, os sujeitos envolvidos, as consequências pelo descumprimento (*v.g.*, os crimes tributários) assim como a repercussão decorrente do não atendimento (direito financeiro). Nessa esteira, sobressaem as distinções entre as obrigações do direito privado em face das obrigações do direito público.

No que tange aos crimes tributários, despiciendo mencionar que o direito penal tributário integra ramo do direito público. Por conseguinte, prepondera o interesse público, tendo as normas a finalidade de atender ao interesse da coletividade. De outra banda, a teoria do adimplemento substancial é instituto do direito privado, que tem por finalidade o interesse particular, isto é, atende à ordem privada.[205] Ernst Blumentein, com percuciência peculiar, pontifica que a interpretação da norma

---

[203] PLANIOL, Marcel. *Traité élémentaire de droit civil*. Cinquième édition. Tome premier. Paris: Librairie Générale de Droit et de Jurisprudence, 1950, p. 12.

[204] LIMA, Euzébio de Queiroz. *Princípios de sociologia jurídica*. 6. ed. Rio de Janeiro: Record, 1958, p. 238.

[205] GOMES, Orlando. *Introdução ao direito civil*. Atualizadores Edvaldo Brito e Reginalda Paranhos de Brito. 19. ed. Rio de Janeiro: Forense, 2008, p. 09-10.

tributária constitui parte integrante do direito público, sendo disciplina fundamentalmente independente das disposições do direito civil.[206]

Disso resulta que a finalidade de ambos os ramos jurídicos é diametralmente oposta – interesse público *versus* interesse privado. Considerando a diversidade do interesse da norma de direito público e de direito privado, resta incompatível a interlocução descomedida de princípios inerentes a um ramo jurídico, aplicando indistintamente ao outro, eis que o interesse finalístico de ambos é antagônico.

Outrossim, o direito público é regido pelo princípio da legalidade, de modo que o Estado só pode atuar quando amparado pelo ordenamento jurídico, não podendo agir com liberdade de ação à semelhança dos particulares nas relações privadas. Por conseguinte, o Estado só pode reconhecer a configuração do "adimplemento substancial nos crimes tributários" se houver previsão normativa, sob pena de cometimento de ilegalidade pelo Poder Público.

Forte nessas razões, não se afigura possível transladar instituto de direito privado para o direito público, porquanto preponderam diferenças estruturais, não se permitindo o intercambiamento de princípios diversos ao arrepio da necessária coerência finalística e de pressupostos substanciais – a matéria envolvida.

Perpassada tal avaliação, resta ainda examinar a suposta transladação de princípios do direito público para o direito privado sob a perspectiva da teoria do "diálogo das fontes", recente princípio aplicável pela moderna comunidade jurídica.

3.3 Diálogo de fontes

A teoria do *diálogo das fontes* é comumente vista no âmbito do direito privado, especialmente na aplicação entre o código do direito civil e a lei consumerista – código de defesa do consumidor. Isso ocorre porque a matéria possui semelhanças estruturais no âmbito das relações jurídicas. Assim, na solução de uma problemática envolvendo relação consumerista, é comum socorrer-se a preceitos do direito civil quando se mostrar vantajoso ao consumidor – sujeito mais vulnerável nas relações de compra ou aquisição de produto ou serviço.

---

[206] BLUMENSTEIN, Ernst. *Sistema di diritto dele imposte*. Trad. Francesco Forte. Milano: Dott. A. Giuffrè, 1954, p. 22.

Ao tratar do diálogo das fontes, Cláudia Lima Marques[207] pontifica que: "expressão criada por Erik Jayme (...) significando a atual aplicação simultânea, coerente e coordenada das plúrimas fontes legislativas, leis especiais (como o CDC, a lei de seguro-saúde) e gerais (como o CC/2002), com campos de aplicação convergentes, mas não iguais". Segundo essa mesma autora, a teoria do diálogo das fontes "procura uma eficiência não só hierárquica, mas funcional do sistema plural e complexo de nosso direito contemporâneo, a evitar a antinomia, a incompatibilidade ou a não coerência".[208]

Disso resulta que a teoria do diálogo de fontes, concebida por Erik Jayme, consiste na interlocução entre searas do direito, de modo a extrair a melhor solução para a problemática da insuficiência da norma específica.

Como visto, decorre do diálogo das fontes a possibilidade de utilizar uma teoria, princípio ou conceito de um ramo do direito em outra disciplina jurídica, a exemplo da interlocução entre o direito civil e o direito do consumidor. A jurisprudência do Superior Tribunal de Justiça[209] é uníssona na utilização da teoria do diálogo das fontes nas relações de *direito privado*:

> O que se nota, muitas vezes, no âmbito privado, é a colisão dos interesses das partes, ficando, de um lado, as operadoras do plano de saúde – de caráter eminentemente patrimonial – e, de outro, os usuários – com olhar voltado para sua subsistência. Assim, para dirimir os conflitos existentes no decorrer da execução contratual, há que se buscar, nesses casos, o diálogo das fontes, que permite a aplicação simultânea e complementar de normas distintas.

No caso do presente estudo, em um primeiro momento poder-se-ia alegar a aplicabilidade da teoria do adimplemento substancial previsto no direito civil nos crimes tributários. Isso, porque os crimes tributários em geral decorrem do não pagamento do tributo nas circunstâncias previstas na lei penal mediante fraude.

---

[207] BENJAMIN, Antônio Hermam V.; MARQUES, Cláudia Lima; BESSA, Leonardo Roscoe. *Manual de direito do consumidor*. 3. ed. São Paulo: Editora Revista dos Tribunais, 2010, p. 108.
[208] BENJAMIN, Antônio Hermam V.; MARQUES, Cláudia Lima; BESSA, Leonardo Roscoe. *Manual de direito do consumidor*. 3. ed. São Paulo: Editora Revista dos Tribunais, 2010, p. 108.
[209] STJ. Superior Tribunal de Justiça. *REsp 1.330.919-MT*, Rel. Min. Luis Felipe Salomão, julgado em 2/8/2016, DJe 18/8/2016. Informativo nº 0588.

Sem embargo, a aplicação do diálogo entre fontes diversas (teoria do diálogo das fontes) ocorre no âmbito do direito privado, não abrangendo preceitos pertencentes ao direito público – no qual se insere a teoria do adimplemento substancial nos crimes tributários, objeto desta análise.

Assim, não pode ser aplicado adimplemento substancial nos crimes tributários, porquanto o direito tributário é ramo do direito público, razão pela qual prevalece a indisponibilidade do interesse público. Além disso, a disciplina tributária ostenta princípios específicos e condições predeterminadas de envergadura constitucional e de natureza legal, repercutindo ainda sobre o direito financeiro no que tange às receitas componentes das finanças públicas.

Pacífica é a jurisprudência do Superior Tribunal de Justiça,[210] que entende a aplicação da teoria do diálogo das fontes no âmbito da relação consumerista, não se estendendo nem mesmo para toda e qualquer relação obrigacional:

> Em que pese sua relevante inovação, a referida teoria, ao dispensar, em especial, o requisito de imprevisibilidade, foi acolhida em nosso ordenamento apenas para as relações de consumo, que demandam especial proteção. Ademais, não se admite a aplicação da teoria do diálogo das fontes para estender a todo direito das obrigações regra incidente apenas no microssistema do direito do consumidor.

Daí se percebe a incompatibilidade de utilização de um determinado princípio em outra área jurídica. Afora esses relevantes argumentos, os crimes tributários possuem leis específicas que divergem da lei comum prevista no direito civil. Desse modo, não se mostra crível a aplicação inconsequente de princípios do direito civil no direito tributário. A respeito disso, o próprio art. 109 do CTN somente autoriza a utilização de princípios gerais do direito privado para pesquisa da definição, do conteúdo e do alcance de seus institutos, não podendo ser utilizados nem mesmo para a definição dos efeitos tributários: "Art. 109. Os princípios gerais de direito privado utilizam-se para pesquisa da definição, do conteúdo e do alcance de seus institutos, conceitos e formas, mas não para definição dos respectivos efeitos tributários".

---

[210] STJ. Superior Tribunal de Justiça. *REsp 1.321.614-SP*, Rel. originário Min. Paulo de Tarso Sanseverino, Rel. para acórdão Min. Ricardo Villas Bôas Cueva, julgado em 16/12/2014, DJe 3/3/2015. Informativo nº 0556.

Ora, se os princípios gerais do direito privado não podem ser utilizados para a simples definição de efeitos tributários, conforme estabelece o aludido art. 109 do CTN, muito menos poderá ser utilizado para afastar ou extinguir punibilidade decorrente de obrigação tributária.

Disso resulta que a teoria do adimplemento substancial, decorrente de princípio do direito privado, não pode ser aplicada, por si só, em matéria tributária, porquanto é regulada por normas específicas e de direito público. Ademais, em eventual confronto entre leis gerais (Código Civil) e leis específicas (CTN), prevalece a norma tributária ante a especialidade da matéria em detrimento da previsão genérica e privatística do direito civil. Tal raciocínio decorre da aplicação do princípio da especialidade,[211] que é um dos critérios de solução de antinomias, *lex specialis derogat legi generali*, resultando na inadequação da teoria do diálogo das fontes no caso objeto de estudo.

3.4 Diálise entre a unicidade do Direito e o diálogo de fontes

A despeito da existência da unicidade do Direito e do diálogo das fontes, as teorias e os preceitos previstos em um certo ramo não podem ser aplicados irrefletidamente em outra disciplina jurídica, haja vista possuírem diferenças principiológicas estruturais na solução de antinomias.

Considerando tais premissas elementares, que rechaçam o intercambiamento açodado de princípios próprios em matérias diversas, caso ainda assim fosse aplicada, resultaria em evidente teratologia jurídica, ocasionando deformidade no sistema normativo. Isso, porque findaria negando a própria essência do ramo jurídico, deturpando-o substancialmente, a fim de obter determinado resultado mediante esforço transgressor de preceitos basilares.

De fato, no *direito civil* aplica-se comumente a teoria do adimplemento substancial, disciplina na qual é defendida a aplicação pela doutrina e jurisprudência de maneira firme e consolidada.

Entrementes, no *direito tributário* a lei exige expressamente o pagamento integral para extinguir o crédito tributário, sob pena de sanções legais (art. 157 c/c art. 161 CTN). Igualmente, na perspectiva do

---

[211] BOBBIO, Norberto. *Teoria do ordenamento jurídico*. Brasília: Polis/UNB, 1991. p. 95-96

direito penal tributário admite-se o *pagamento integral* do tributo para extinguir a punibilidade de crimes tributários, conforme previsão no §2º do art. 9º da Lei nº 10.684/2003. O texto da lei é taxativo: "§2º *extingue-se a punibilidade dos crimes* referidos neste artigo quando a pessoa jurídica relacionada com o agente *efetuar o pagamento integral* dos débitos oriundos de tributos e contribuições sociais, inclusive acessórios". Neste caso, ante a literalidade condicional da lei, não se afigura possível interpretação que utilize princípio de outro ramo jurídico que finde contrariando expressamente o comando legal, que é imperativo.

Outrossim, o objetivo e os princípios do direito público e do direito privado são diferentes, de modo que não se afigura coerente a aplicação da teoria do adimplemento substancial, instituto do direito civil, como causa suficiente para extinguir a punibilidade dos crimes tributários, decorrente do *jus puniendi* estatal – ramo do direito público.

Ao analisar a controvérsia, o Superior Tribunal de Justiça, de maneira cristalina, decidiu que "a teoria do adimplemento substancial é de aplicação estrita no âmbito do direito contratual", conforme a ementa a seguir:[212]

> A Teoria do Adimplemento Substancial, *de aplicação estrita no* âmbito *do direito contratual,* somente nas hipóteses em que a parcela inadimplida revela-se de escassa importância, não tem incidência nos vínculos jurídicos familiares, revelando-se inadequada para solver controvérsias relacionadas a obrigações de natureza alimentar. (Grifo nosso)

A jurisprudência da Corte Superior entende que somente na seara do *direito contratual* afigura-se possível aplicar a teoria do adimplemento substancial, não podendo transladar esse notável instituto para outras disciplinas do próprio direito civil – a exemplo das relações familiares.

Ora, considerando que a teoria do adimplemento substancial é de aplicação estrita no direito contratual – regida pelo código civil –, sendo vedada a incidência até mesmo em outras áreas do direito privatístico, muito mais resta proibida sua utilização em outros ramos da seara jurídica.

---

[212] STJ. Superior Tribunal de Justiça. Quarta Turma. *HC 439973/MG*. Rel. Min. Luís Felipe Salomão. Julgado em 16/08/2018. Data da publicação/fonte: DJe 04/09/2018. RSTJ vol. 252 p. 822.

Consectariamente, revela-se incabível a aplicação da citada teoria nos crimes tributários, porquanto fazem parte de outra distinta seara jurídica – o direito penal tributário –, ramo do Direito Público.

Portanto, deve haver equilíbrio no intercambiamento de teorias entre os diversos ramos jurídicos, de modo a manter a identidade e a existência de cada disciplina específica, respeitando a intrinsidade dos institutos, sob pena de exsurgir anomalias jurídicas ao desnaturar a essência de diversos institutos que não se confundem.

3.5 Não aplicação da teoria do adimplemento substancial na seara penal

Não obstante o incabimento da teoria do adimplemento substancial na seara penal, conforme exposição supra, o Tribunal de Justiça do Rio Grande do Sul[213] possui julgado inovador que adotou a teoria do adimplemento substancial no direito processual penal. Segue a ementa:

> SUSPENSÃO CONDICIONAL DO PROCESSO. ADIMPLEMENTO SUBSTANCIAL DAS CONDIÇÕES IMPOSTAS. REVOGAÇÃO INVIABILIZADA. Ainda que possível, na linha de jurisprudência do Pretório Excelso, a revogação da suspensão condicional do processo após o seu termo final, evidentemente que por fato ocorrido durante o seu curso, não se justifica medida com esse rigor quando, *ainda que não de modo integral, houve substancial cumprimento das obrigações assumidas*, com as apresentações e reparação de expressivo percentual do valor do dano, cujo saldo, que era objeto de ação cível, só não foi cobrado porque não encontrados bens passíveis de penhora, do *que resultou o arquivamento do processo respectivo*. Revogação que não atenderia ao princípio da proporcionalidade". (Grifo nosso)

Em que pese o julgado isolado do Egrégio Tribunal de Justiça do Rio Grande do Sul, resta inadmissível a aplicação da teoria do adimplemento substancial nos crimes tributários, diante da diversidade de categorias jurídicas, ramos distintos e áreas não intercambiáveis.

Ademais, a despeito da eventual aplicabilidade na transação penal (juizados especiais), afigura-se perigosa a ampliação para as demais searas do direito penal em geral – a exemplo do cumprimento de

---

[213] TJRS. Tribunal de Justiça do Rio Grande do Sul. Sétima Câmara Criminal. *Acórdão nº 70011591484*. Des. Marcelo Bandeira Pereira. Data: 07-07-2005.

pena. Imagine-se o réu que cumprir uma porcentagem significativa da condenação pleitear a extinção da punibilidade por reputar ter cumprido substancialmente a condenação imposta? Nesse caso, poder-se-ia pugnar pela progressão de regime mesmo sem o apenado cumprir os requisitos subjetivos – *v.g.* bom comportamento carcerário e exame criminológico (este último caso seja necessário).[214] Diante disso, subverteria o sistema penal e a segurança da sociedade.

Mesmo que excepcione a aplicação aos casos de *transação penal* – decorrente da conciliação da infração penal de menor potencial ofensivo (Juizados Especiais), não deve ser aplicada a referida teoria de forma açodada às outras áreas do direito penal – *v.g.* suspensão condicional da pena, extinção da punibilidade, cumprimento da pena. Tal dilargamento demasiado afigurar-se-ia aviltante aos bens jurídicos violados e aos valores sociais como um todo – a exemplo de crimes como: corrupção, lavagem de dinheiro, organização criminosa, roubo, latrocínio, extorsão, homicídio, sequestro, estupro etc.

De acordo com abalizado magistério de Otávio Luiz Rodrigues Júnior, a supramencionada teoria não pode ser usada em decorrência de sanções penais em razão de duas características essenciais da relação obrigacional do direito civil que não constam no direito penal. A primeira é que não há vínculo obrigacional entre o condenado e o Estado, de modo que o cumprimento da sanção não constitui crédito estatal:[215]

> Evidenciam-se assim duas características que inviabilizam a pura e simples transposição do adimplemento substancial para o Direito Penal: a) Não há uma relação de natureza obrigacional entre o condenado e o Estado. O réu cumpre uma pena e o fundamento de sua sanção, que assume variegadas explicações ao longo da História do Direito Criminal, não é o de uma contraprestação a um crédito ou débito contraído pelo apenado.
> A história das sanções criminais demonstra sua enorme proximidade com os conceitos de pena privada e de responsabilidade civil. As funções de repressão geral, de repressão especial ou de retribuição da pena, cuja prevalência tem sido posta em xeque no Direito alemão desde o Projeto Alternativo de Código Penal (*Alternativ Entwurf -AE 1966*), não se

---

[214] Súmula nº 439 do Superior Tribunal de Justiça: "*Admite-se o exame criminológico pelas peculiaridades do caso, desde que em decisão motivada*".

[215] RODRIGUES JUNIOR, Otavio Luiz. *Teoria do adimplemento substancial não deve ser usada em decisões penais*. Consultor Jurídico, Coluna Direito Comparado, 10 set. 2014. Disponível em: https://www.conjur.com.br/2014-set-10/direito-comparado-teoria-adimplemento-substancial-nao-usada-decisoes-penais2. Acesso em: 04 jan. 2020.

confundem com o princípio geral do equilíbrio estático dos patrimônios (que dá fundamento ao Direito Restituitório) ou com a velha causa natural romana (*do ut des, do ut facias, facias ut des, facias ut facias*).

Não se pode, no entanto, desnaturar uma teoria tipicamente negocial para emprego em uma relação fundada em causa ilícita, de enorme assimetria entre os sujeitos, que não se unem por vontade e sim por efeito de uma pena.

E, em respeito ao Direito Penal, não há nada mais anti-garantista do que considerar o cumprimento da pena como uma retribuição "obrigacional" do preso à sociedade. Afinal, não teria a pena uma função ressocializadora?

Afora essa primeira questão elementar da obrigação civil – ausência de relação jurídica prévia –, ainda remanesce inarredável argumento de que o apenado não é devedor do Estado, tampouco a suspensão condicional do processo possui figura de negócio jurídico entre as partes:[216]

> **b)** O apenado não é um "devedor", muito menos a suspensão condicional assume caráter de um negócio jurídico. Se esta distinção é correta, não há como se reconhecer um "direito potestativo" à "resolução" do *sursis* (as aspas são propositais). Por mais belos que possam ser os requisitos do adimplemento substancial no Direito Civil, é totalmente impossível adaptá-los aos esquemas teóricos igualmente respeitáveis do Direito Penal.

Compartilha do mesmo entendimento o Ministro Antônio Carlos Ferreira,[217] reputando inapropriada a transposição do adimplemento substancial da relação obrigacional para o direito penal, bem como a inexistência de acórdãos no Superior Tribunal de Justiça versando sobre suspensão condicional da pena ou extinção da punibilidade:

> Na Corte, não há precedentes de colegiado sobre o uso da doutrina do adimplemento substancial em matéria de *sursis* ou de extinção de punibilidade. Encontram-se, porém, decisões monocráticas nas quais se rejeitou a tese de sua aplicação. Não houve um exame específico

---

[216] RODRIGUES JUNIOR, Otavio Luiz. *Teoria do adimplemento substancial não deve ser usada em decisões penais*. Consultor Jurídico, Coluna Direito Comparado, 10 set. 2014. Disponível em: https://www.conjur.com.br/2014-set-10/direito-comparado-teoria-adimplemento-substancial-nao-usada-decisoes-penais2. Acesso em: 04 jan. 2020.

[217] FERREIRA, Antônio Carlos. A interpretação da doutrina do adimplemento substancial. *Revista de Direito Civil Contemporâneo*. vol. 18. ano 6. p. 57. São Paulo: Ed. RT, jan.-mar. 2019.

do cabimento da doutrina no direito penal, mas, ao que parece, a transposição desse conceito para além das fronteiras de uma relação jurídico-obrigacional não se revela muito apropriada.

Com espeque na fundamentação supra, revela-se inaplicável a teoria do adimplemento substancial na seara do direito penal. Por conseguinte, não se mostra cabível a referida doutrina nos crimes tributários, haja vista integrarem direito repressivo estatal.

3.6 Necessidade do pagamento integral do tributo para extinguir a punibilidade

Esclarecida a inaplicabilidade da teoria do adimplemento substancial no direito penal de forma genérica, agora resta corroborar sua não incidência sob a especificidade das normas regentes dos crimes tributários.

Como dito alhures, a extinção da punibilidade decorre da lei. Posto isso, o §2º da Lei nº 9.983, de 14 de julho de 2000, que inseriu o art. 168-A ao Código Penal, estabeleceu o pagamento como causa apta a afastar a respectiva sanção. Em seguida, mais assertivamente, outros diplomas legislativos estabeleceram critério objetivo e inafastável para extinguir a punibilidade: o *pagamento integral*, nos termos do art. 9º da Lei nº 10.684/2003 e os arts. 68 e 69 da Lei nº 11.641/2009.

Essas leis configuram lei penal tributária específica e benéfica, pois permitem ao réu afastar-se da sanção legal mediante cumprimento de requisito específico: o pagamento integral do valor devido. Sendo assim, a condição deve ser cumprida para que haja a consequência do favor legal – extinção da punibilidade.

Impende mencionar que não pode haver interpretação contra dispositivo expresso em lei – *contra legem*. O intérprete não pode chegar ao ponto de se tornar legislador positivo, revogando norma literal expressa em dispositivo normativo, no caso, a Lei nº 10.684/2003 e a Lei nº 11.641/2009). Esse é o entendimento pacífico do STF:[218]

> Portanto, o Supremo Tribunal Federal não pode atuar *"contra legem"*, impossibilitando a alteração do índice de repasse do montante devido pela União. Tal atitude equivaleria a uma inovação no ordenamento

---

[218] STF. Supremo Tribunal Federal. Plenário. ACO 1044/MT, rel. Min. Luiz Fux, julgamento em 30.11.2016. Informativo STF nº 849.

jurídico contra o direito posto, violando a cláusula da separação dos Poderes.

É condição essencial para a extinção da punibilidade dos crimes tributários o pagamento integral do valor devido pelo sujeito passivo. Ante a literalidade normativa, somente a completude do pagamento – a sua inteireza – configura meio hábil para a extinção da punibilidade nos aludidos delitos, não podendo o intérprete desviar ou até mesmo anular a determinação expressa na lei, sob pena de incorrer na vedada interpretação *contra legem*.

Portanto, a regra legal que prevê a extinção da punibilidade deve ser observada, não podendo haver interpretação dissonante à norma que já é benéfica por si só, pois extingue a punibilidade de sanção penal.

3.7 Inaplicabilidade automática da teoria do adimplemento substancial na extinção da punibilidade nos crimes tributários

Tendo em vista que o direito tributário e o direito penal compõem o direito público, não podem ser aplicados automaticamente preceitos do direito privado – que possuem como características a satisfação de interesse particular, a autonomia da vontade, a disponibilidade do direito/interesse, a possibilidade de renúncia; enfim, possuem repercussão patrimonial e individual.

De outra banda, em face da especialidade da lei penal tributária, que exige pagamento integral, afigura-se proibida a incidência automática da teoria do adimplemento substancial como causa extinguidora da punibilidade dos crimes tributários, sob pena de subverter princípios do ramo jurídico específico – direito público. Entre outras razões, cite-se a repercussão financeira, o princípio da legalidade tributária bem como a regular interpretação da lei, temas dos tópicos a seguir.

3.7.1 Repercussão financeira

Na perspectiva do direito financeiro, há o interesse público na arrecadação da integralidade do tributo, de maneira que haja recursos suficientes para custear as diversas despesas do Estado no atendimento à coletividade. Havendo redução da tributação sem a chancela legal, nem o devido planejamento estatal na compensação do decréscimo na receita, as próprias atividades previstas no orçamento ficarão comprometidas, diante da ausência parcial do tributo previsto.

Isso, porque ao se diminuir a arrecadação tributária, ou seja, o Estado recebe menos do valor estimado no orçamento anual, finda por prejudicar a atividade pública dependente desse recurso tributário, a exemplo da construção de escolas, presídios, hospitais etc. Para evitar tal problema, o Estado deve compensar essa diminuição na arrecadação criando novos tributos, elevando a alíquota, ampliando a base de cálculo, entre outros, a fim de equilibrar as perdas no orçamento.

Desse modo, a aplicação automática da teoria do adimplemento substancial nos crimes tributários produz consequências prejudiciais ao interesse público. A primeira é a diminuição da arrecadação do tributo estimado na elaboração do orçamento, prejudicando, consectariamente, a execução do programa governamental que dependa do valor desse recurso.

Sobre isso, o art. 165, §6º da Constituição Federal dispõe: "o projeto de lei orçamentária será acompanhado de demonstrativo regionalizado do efeito, sobre as receitas e despesas, decorrente de isenções, anistias, remissões, subsídios e benefícios de natureza financeira, tributária e creditícia". Em outras palavras, a Carta Magna estabelece condições para a concessão de benefícios que impliquem redução tributária, devendo esses requisitos ser observados, sob pena de descumprimento frontal à Lei Maior.

Complementarmente, com espeque na determinação constitucional contida no art. 165, §9º da CF/88, o artigo 14 da Lei Complementar nº 101/2000 dispõe sobre os requisitos para a concessão de incentivo ou benefício fiscal:

> A concessão ou ampliação de incentivo ou benefício de natureza tributária da qual decorra renúncia de receita deverá estar acompanhada de estimativa do impacto orçamentário-financeiro no exercício em que deva iniciar sua vigência e nos dois seguintes, atender ao disposto na lei de diretrizes orçamentárias e a pelo menos uma das seguintes condições: I – demonstração pelo proponente de que a renúncia foi considerada na estimativa de receita da lei orçamentária, na forma do art. 12, e de que não afetará as metas de resultados fiscais previstas no anexo próprio da lei de diretrizes orçamentárias; II – estar acompanhada de medidas de compensação, no período mencionado no caput, por meio do aumento de receita, proveniente da elevação de alíquotas, ampliação da base de cálculo, majoração ou criação de tributo ou contribuição. §1º A renúncia compreende anistia, remissão, subsídio, crédito presumido, concessão

de isenção em caráter não geral, alteração de alíquota ou modificação de base de cálculo que implique redução discriminada de tributos ou contribuições, e outros benefícios que correspondam a tratamento diferenciado.

Ante a determinação supra, impõe-se que eventuais medidas que signifiquem benefícios fiscais cumpram os preceitos normativos, mormente a adequação orçamentária decorrente da renúncia da receita, bem como as medidas de compensação, como forma de não obstar o atendimento das diversas despesas públicas no interesse da sociedade.

3.7.2 Princípio da legalidade tributária

A adoção da teoria do adimplemento substancial nos crimes tributários configura *remissão* parcial ou até mesmo *isenção* parcial do crédito tributário, sendo imprescindível a prévia concessão legal. Acresça-se ainda a inafastável exigência da estimativa do impacto orçamentário ou da medida compensatória, em razão da diminuição na arrecadação, como determina a legislação.

O art. 172 do CTN é taxativo na exigência do princípio da reserva legal para a concessão de remissão, seja total ou parcial, conforme a redação da cabeça do artigo dispondo que "a *lei* pode autorizar" a remissão. A redação do artigo contém os seguintes termos:

> Art. 172. A *lei* pode autorizar a autoridade administrativa a conceder, por despacho fundamentado, remissão total ou parcial do crédito tributário, atendendo: I – à situação econômica do sujeito passivo; II – ao erro ou ignorância escusáveis do sujeito passivo, quanto a matéria de fato; III – à diminuta importância do crédito tributário; IV – a considerações de equidade, em relação com as características pessoais ou materiais do caso; V – a condições peculiares a determinada região do território da entidade tributante. (Grifo nosso)

Conforme a transcrição do dispositivo supra, exige-se a prévia expedição de *lei formal* (ato normativo primário) para a concessão válida de remissão total ou parcial do crédito tributário, atendidos ainda outros requisitos elencados na norma. A jurisprudência do Superior Tribunal de Justiça é pacífica:

> 7. Raciocínio inverso implicaria em instituir isenção "condicional" sem observância do princípio constitucional da estrita legalidade tributária,

que veda a instituição ou aumento de tributo sem lei que o estabeleça (artigo 150, I), bem como determina que "qualquer subsídio ou isenção, redução de base de cálculo, concessão de crédito presumido, anistia ou remissão, relativos a impostos, taxas ou contribuições, só poderá ser concedido mediante lei específica, federal, estadual ou municipal (artigo 150, §6º). (STJ – Primeira Turma – REsp 1098981/PR – Rel. Min. Luiz Fux – Data do Julgamento 02/12/2010 – Data da Publicação/Fonte DJe 14/12/2010).

Igual requisito exige-se para a concessão de *isenção tributária*, isto é, necessária a prévia existência de lei formal para reputar válido o aludido benefício fiscal. O art. 176 do CTN dispõe: "A isenção, ainda quando prevista em contrato, é sempre decorrente de *lei* que especifique as condições e requisitos exigidos para a sua concessão, os tributos a que se aplica e, sendo caso, o prazo de sua duração".

Conforme visto acima, a redação expressa do art. 176 do CTN estabelece que a concessão de isenção tributária requer *lei* específica sobre condições e requisitos para a referida concessão, não podendo ser afastados esses pressupostos legais. A jurisprudência do Superior Tribunal de Justiça é remansosa:

> 4. O Tribunal local está em consonância com a jurisprudência do STJ, no sentido de que se exige lei específica para a concessão de isenção tributária. (STJ. Segunda Turma – REsp 1696909/SP – Rel. Min. Herman Benjamim. Data do Julgamento 16/11/2017)
> 1. "Segundo o acórdão recorrido, não há lei prevendo o favor legal para a situação dos autos, fundamento bastante para manter o *decisum*, pois o artigo 150, §6º, da Constituição Federal, bem como o artigo 176 do Código Tributário Nacional exigem lei específica para a concessão de isenção tributária. (REsp 1.128.981/SP, Rel. Min. Benedito Gonçalves, Primeira Turma, DJe 25/03/2010)" – (STJ. Segunda Turma – AgRg no REsp 1469057/AC – Rel. Min. Mauro Campbell Marques – Data do Julgamento 14/10/2014).

Assim, afigura-se inafastável a estrita observância dos requisitos legais disciplinadores da concessão de remissão e isenção tributária.

3.7.3 Interpretação legal

No fenômeno da interpretação da lei, o intérprete deve basear--se no sentido objetivado na referida norma jurídica, bem como nos quadrantes estabelecidos no texto normativo.

Com fulcro na abalizada doutrina de Ernst Blumenstein, a interpretação das disposições tributárias deve se basear na lei, coadunando-se com as razões contidas na norma, objetivando-se a justiça. Disso resulta que a interpretação deve se amparar na vontade estatal e guardar conformidade com a Constituição, não podendo afastar-se desse espectro. Afigura-se essencial que a interpretação da norma tributária respeite a conformidade constitucional, não podendo declinar de seus preceitos.[219]

Como visto alhures, o art. 165, §6º da Constituição Federal exige a estimativa do impacto na lei orçamentária. Complementarmente, o art. 14 da LC nº 101/2000 requer previsão de medidas compensatórias decorrentes da concessão de benefício fiscal, sendo medida de rigor que se impõe.

Diante disso, não pode ser utilizada a teoria do adimplemento substancial nos crimes tributários de maneira açodada, porquanto existem várias normas legais a serem cumpridas, sendo as consequências relevantes ainda quanto ao impacto social consistente no não auferimento do recurso previsto na receita tributária.

Registre-se que o crédito tributário é indisponível pela autoridade administrativa, sendo o credor dessa relação obrigacional o próprio Estado. Consectariamente, somente a lei pode dispensar o pagamento integral do crédito decorrente da obrigação tributária.[220]

Afora isso, a aplicação automática do adimplemento substancial nos crimes tributários gera a transgressão expressa da lei penal tributária benéfica, que permite a extinção da punibilidade mediante o *pagamento integral*. Vale dizer, a ampliação de benefício penal, ao arrepio da lei, configura extrapolação desenfreada de instituto despenalizador, da própria norma que estabeleceu os requisitos para a sua concessão. Tal fato caracteriza a revogação da lei penal benéfica pelo intérprete, sem atentar aos pré-requisitos da norma respectiva, violando frontalmente o Estado de Direito (Estado submetido às leis).

Com efeito, a aplicação automática de teoria do direito civil que viole disposição expressa na Constituição Federal, no Código Tributário Nacional, na Lei de Responsabilidade Fiscal e nas leis penais tributárias específicas finda por desnaturar a autonomia e normatização próprias

---

[219] BLUMENSTEIN, Ernst. *Sistema di diritto dele imposte*. Trad. Francesco Forte. Milano: Dott. A. Giuffrè, 1954, p. 16-17.
[220] AMARO, Luciano. *Direito tributário brasileiro*. 16. ed. São Paulo: Saraiva, 2010, p. 272.

da disciplina jurídica, no caso, do direito tributário, do direito financeiro e do direito penal.

Consoante exposição supra, verifica-se claramente a antinomia entre a lei civil e a lei penal tributária, somada ainda à repercussão do direito financeiro. Como forma de solucionar o aparente conflito, aplica-se o critério da especialidade,[221] que é um dos mais relevantes na resolução de controvérsias entre as leis. Havendo divergência entre leis sobre a mesma matéria, deve ser aplicada a lei que trate especificamente da temática, priorizando a lei especial em detrimento da lei geral, efetivando-se o princípio *lex specialis derogat legi generali*.

Ante o exposto, considerando que os crimes tributários fazem parte da disciplina direito penal tributário e que repercutem nas finanças públicas, devem ser regidos pela legislação específica penal tributária e financeira, afastando-se, consequentemente, dispositivos privatísticos da lei civil – que adotam comumente o adimplemento substancial.

3.8 Possibilidade de o legislador conceder isenção ou remissão parcial – *adimplemento substancial tributário*

O *legislador*, na liberdade de conformação que possui, pode criar isenção ou remissão de tributos, seja por questão de política criminal, interesse social, fiscal, extrafiscal, interesse específico; enfim, por diversas razões. É ínsito ao Poder Legislativo a discussão e deliberação de temas controvertidos subjacentes à sociedade, sendo os crimes tributários matéria passível de modificação legiferante.

Pois bem, aos crimes tributários atribui-se muita relevância, porquanto sancionam criminalmente a sonegação/fraude/má-fé do adimplemento tributário, nas hipóteses previstas na lei penal.

De acordo com exposição anterior, os crimes tributários possuem repercussão econômico-financeira, além da esfera criminal, razão pela qual pode ser objeto de discussão no âmbito do Poder Legislativo. Diante de tal conjuntura, o legislador pátrio pode conceder *isenção* ou *remissão* nos crimes tributários, assim como é concedida isenção e remissão nos tributos em geral.

Como corolário dessa perspectiva, poderia haver a extinção da punibilidade dos crimes tributários sem o pagamento integral do tributo,

---

[221] BOBBIO, Norberto. *Teoria do ordenamento jurídico*. Brasília: Polis/UNB, 1991. p. 95-96.

como é exigido atualmente. Sem embargo, para que tal beneplácito ocorra, impõe-se a prévia concessão de isenção ou remissão no tipo penal tributário. Desse modo, verificam-se duas hipóteses de adimplemento substancial tributário: a isenção e a remissão.

Como visto anteriormente, a *isenção* constitui modalidade de exclusão do crédito tributário e depende de lei (arts. 175 e 176, CTN). Por sua vez, a *remissão* é espécie de extinção do crédito tributário, também exigindo lei prévia (art.172 CTN). Além disso, a isenção e a remissão podem ser totais ou parciais, afastando a integralidade ou a parcialidade do tributo devido, a critério do legislador.

Não obstante a escolha legislativa, é imprescindível a edição de *lei* (lei complementar, lei ordinária ou tratado internacional) pelo Congresso Nacional, uma vez que os crimes tributários são cometidos contra a União, vedando-se ao legislador estadual, distrital ou municipal dispor a respeito. Ademais, cabe privativamente à União legislar sobre direito penal e, consequentemente, sobre a extinção da punibilidade dos referidos crimes (art. 22, I, CF/88).

Assim, a aplicação da teoria do adimplemento substancial nos crimes tributários configura isenção ou remissão tributária, a ser criada pelo legislador, não podendo ser erigida mediante intelecção do intérprete ao transladar institutos de searas jurídicas distintas.

Desta feita, a concessão de *isenção* ou *remissão tributária* nos crimes tributários, que denomino *adimplemento substancial tributário*, requer o atendimento dos requisitos da Constituição Federal (art. 165, §6º), do Código Tributário Nacional, bem como da Lei de Responsabilidade Fiscal – LC 101/2000, em especial os arts. 172 e 176 do CTN, e o art. 14 da LRF.

Em outras palavras, para a extinção da punibilidade dos crimes tributários sem o pagamento integral do tributo, necessária a existência de previsão em lei concedendo tal benefício, bem como previsão legal concessiva de remissão ou isenção parcial do valor do tributo inadimplido mediante fraude. Diante disso, não pode ser aplicada isolada e automaticamente a teoria do adimplemento substancial na extinção da punibilidade dos crimes tributários.

Antes, porém, imprescindível a estrita observância do princípio da legalidade tributária na concessão de remissão ou isenção tributária, nos termos do art. 172 e 176 do CTN – situação equiparada ao se aplicar a teoria *substancial performance* nos crimes tributários.

Outrossim, imprescindível a estimativa do impacto financeiro-orçamentário e a demonstração de que não afetará as metas fiscais ou o estabelecimento de medida compensatória, ante a diminuição da arrecadação.

CAPÍTULO 4

JURISPRUDÊNCIA SOBRE ADIMPLEMENTO SUBSTANCIAL

Perpassado o estudo das obrigações no direito privado, e em alguns aspectos do direito público – como o direito tributário, direito financeiro e crimes tributários –, afigura-se útil consultar a aplicação da teoria do adimplemento substancial na ótica do Poder Judiciário. A jurisprudência possui a virtude de clarificar o âmbito de aplicação em tema tão caloroso.

Consoante lição de Rodrigues Júnior, a aplicação da teoria do adimplemento substancial pelos tribunais no Brasil decorreu de profícuo estudo realizado pelo professor Clóvis Couto e Silva:[222]

> A recepção do adimplemento substancial no Brasil deu-se principalmente na obra de Clóvis Veríssimo do Couto e Silva, posteriormente introduzida na jurisprudência do Tribunal de Justiça do Rio Grande do Sul e do Superior Tribunal de Justiça por Ruy Rosado de Aguiar Júnior, que foi aluno de Couto e Silva. No país, a teoria foi adaptada ao modelo jurídico de *civil law*, como ocorreu em outras nações de tradição romano-germânica, e se tornou uma causa paralisante do direito potestativo de resolução negocial.

Posto isso, é salutar o exame da jurisprudência do Superior Tribunal de Justiça, haja vista a função de interpretar e sistematizar a legislação infraconstitucional, possuindo inúmeros julgados sobre

---

[222] RODRIGUES JUNIOR, Otavio Luiz. Teoria do adimplemento substancial não deve ser usada em decisões penais. *Consultor Jurídico*, Coluna Direito Comparado, 10 set. 2014. Disponível em: https://www.conjur.com.br/2014-set-10/direito-comparado-teoria-adimplemento-substancial-nao-usada-decisoes-penais2. Acesso em: 04 jan. 2020.

a aplicabilidade da teoria do adimplemento substancial nas relações do *direito civil*.

Abaixo, são transcritos trechos de diversos acórdãos do Tribunal da Cidadania acerca da aplicabilidade da teoria do adimplemento substancial, de modo a explicitar o posicionamento no âmbito da Corte sobre a temática ora investigada. Poder-se-á verificar a evolução do entendimento, iniciando os julgados por ordem cronológica.

4.1 Jurisprudência do Superior Tribunal de Justiça

SEGURO. INADIMPLEMENTO DA SEGURADA. FALTA DE PAGAMENTO DA ULTIMA PRESTAÇÃO. ADIMPLEMENTO SUBSTANCIAL. RESOLUÇÃO. A COMPANHIA SEGURADORA NÃO PODE DAR POR EXTINTO O CONTRATO DE SEGURO, POR FALTA DE PAGAMENTO DA ULTIMA PRESTAÇÃO DO PREMIO, POR TRES RAZÕES: A) SEMPRE RECEBEU AS PRESTAÇÕES COM ATRASO, O QUE ESTAVA, ALIAS, PREVISTO NO CONTRATO, SENDO INADMISSIVEL QUE APENAS REJEITE A PRESTAÇÃO QUANDO OCORRA O SINISTRO; B) A SEGURADORA CUMPRIU SUBSTANCIALMENTE COM A SUA OBRIGAÇÃO, NÃO SENDO A SUA FALTA SUFICIENTE PARA EXTINGUIR O CONTRATO; C) A RESOLUÇÃO DO CONTRATO DEVE SER REQUERIDA EM JUIZO, QUANDO SERA POSSIVEL AVALIAR A IMPORTANCIA DO INADIMPLEMENTO, SUFICIENTE PARA A EXTINÇÃO DO NEGOCIO. RECURSO CONHECIDO E PROVIDO. (STJ – 4ª Turma. REsp 76362/MT – Min. Ruy Rosado Aguiar. Data do Julgamento 11/12/1995 – Data da Publicação/Fonte DJ 01/04/1996 p. 9917). ALIENAÇÃO FIDUCIÁRIA. Busca e apreensão. Falta da última prestação. Adimplemento substancial. O cumprimento do contrato de financiamento, com a falta apenas da última prestação, não autoriza o credor a lançar mão da ação de busca e apreensão, em lugar da cobrança da parcela faltante. O adimplemento substancial do contrato pelo devedor não autoriza ao credor a propositura de ação para a extinção do contrato, salvo se demonstrada a perda do interesse na continuidade da execução, que não é o caso. Na espécie, ainda houve a consignação judicial do valor da última parcela. Não atende à exigência da boa-fé objetiva a atitude do credor que desconhece esses fatos e promove a busca e apreensão, com pedido liminar de reintegração de posse. Recurso não conhecido. (STJ – Quarta Turma – Min. Ruy Rosado Aguiar – REsp 272739/MG. Data do Julgamento 01/03/2001 – Data da Publicação/Fonte DJ 02/04/2001 p. 299 JBCC vol. 200 p. 126 – RSTJ vol. 150 p. 398)

Civil. Art. 1450 do Código Civil. Inadimplemento de contrato de seguro. Falta de pagamento de mais da metade do valor do prêmio. Indenização

indevida pelo sinistro ocorrido durante o prazo de suspensão do contrato, motivada pela inadimplência do segurado. – A falta de pagamento de mais da metade do valor do prêmio é justificativa suficiente para a não oneração da companhia seguradora que pode, legitimamente, invocar em sua defesa a exceção de suspensão do contrato pela inadimplência do segurado. – Apenas a falta de pagamento da última prestação do contrato de seguro pode, eventualmente, ser considerada adimplemento substancial da obrigação contratual, na linha de precedentes do STJ, sob pena de comprometer as atividades empresariais da companhia seguradora. (STJ – Terceira Turma – REsp 415971/SP – Rel. Min.ª. Nancy Andrighi. Data do Julgamento 14/05/2002 – Data da Publicação/Fonte DJ 24/06/2002 p. 302 – RSTJ vol. 158 p. 321 RT vol. 806 p. 156)
ALIENAÇÃO FIDUCIÁRIA. Busca e apreensão. Deferimento liminar. Adimplemento substancial. Não viola a lei a decisão que indefere o pedido liminar de busca e apreensão considerando o pequeno valor da dívida em relação ao valor do bem e o fato de que este é essencial à atividade da devedora. Recurso não conhecido. (STJ – Quarta Turma – Min. Ruy Rosado Aguiar – REsp 469577/SC – Data do Julgamento 25/03/2003 – Data da Publicação/Fonte DJ 05/05/2003 p. 310 – RNDJ vol. 43 p. 122)
– O princípio da boa-fé objetiva exerce três funções: (i) a de regra de interpretação; (ii) a de fonte de direitos e de deveres jurídicos; e (iii) a de limite ao exercício de direitos subjetivos. Pertencem a este terceiro grupo a teoria do adimplemento substancial das obrigações e a teoria dos atos próprios ('tu quoque'; vedação ao comportamento contraditório; 'surrectio'; 'suppressio'). – O instituto da 'supressio' indica a possibilidade de se considerar suprimida uma obrigação contratual, na hipótese em que o não-exercício do direito correspondente, pelo credor, gere no devedor a justa expectativa de que esse não-exercício se prorrogará no tempo. (STJ – Terceira Turma – REsp 953389/SP – Rel. Min.ª. Nancy Andrighi. Data do Julgamento 23/02/2010 Data da Publicação/Fonte REPDJe 11/05/2010 – DJe 15/03/2010)
I. A cláusula contratual em que a construtora se obriga a exonerar do gravame hipotecário após a "concessão do habite-se" e "plena quitação do preço", é condição conjuntiva. Sendo assim, não pode invocar a exceção substancial do não adimplemento do contrato, para suspender o pagamento das prestações, pois a obrigação da construtora somente surge após a quitação do preço. II. O adquirente tem o dever de quitar as prestações restantes de seu imóvel, sub-rogando-se, o agente financeiro, por meio de cessão fiduciária, no direito de receber os créditos devidos à construtora-mutuária. III. Recurso Especial improvido. (STJ – Terceira Turma – REsp 867772/ES – Min. Sidnei Beneti. Data do Julgamento 19/08/2010 – Data da Publicação/Fonte – DJe 10/09/2010).

1. Trata-se de situação na qual, mais do que simples renúncia do direito à correção monetária, a recorrente abdicou do reajuste para evitar a majoração da parcela mensal paga pela recorrida, assegurando, como isso, a manutenção do contrato. Portanto, não se cuidou propriamente de liberalidade da recorrente, mas de uma medida que teve como contrapartida a preservação do vínculo contratual por 06 anos. Diante desse panorama, o princípio da boa-fé objetiva torna inviável a pretensão da recorrente, de exigir retroativamente valores a título de correção monetária, que vinha regularmente dispensado, frustrando uma expectativa legítima, construída e mantida ao longo de toda a relação contratual. 2. A correção monetária nada acrescenta ao valor da moeda, servindo apenas para recompor o seu poder aquisitivo, corroído pelos efeitos da inflação. Cuida-se de fator de reajuste intrínseco às dívidas de valor, aplicável independentemente de previsão expressa. Precedentes. 3. Nada impede o beneficiário de abrir mão da correção monetária como forma de persuadir a parte contrária a manter o vínculo contratual. Dada a natureza disponível desse direito, sua supressão pode perfeitamente ser aceita a qualquer tempo pelo titular. 4. O princípio da boa-fé objetiva exercer três funções: (i) instrumento hermenêutico; (ii) fonte de direitos e deveres jurídicos; e (iii) limite ao exercício de direitos subjetivos. A essa última função aplica-se a teoria do adimplemento substancial das obrigações e a teoria dos atos próprios, como meio de rever a amplitude e o alcance dos deveres contratuais, daí derivando os seguintes institutos: *tu quoque, venire contra facutm proprium, surrectio e supressio*. 5. A supressio indica a possibilidade de redução do conteúdo obrigacional pela inércia qualificada de uma das partes, ao longo da execução do contrato, em exercer direito ou faculdade, criando para a outra a legítima expectativa de ter havido a renúncia àquela prerrogativa. 6. Recurso especial a que se nega provimento. (STJ – Terceira Turma – REsp 1202514/RS – Rel. Min.ª Nancy Andrighi. Data do Julgamento 21/06/2011 – Data da Publicação/Fonte – DJe 30/06/2011)

1. É pela lente das cláusulas gerais previstas no Código Civil de 2002, sobretudo a da boa-fé objetiva e da função social, que deve ser lido o art. 475, segundo o qual "[a] parte lesada pelo inadimplemento pode pedir a resolução do contrato, se não preferir exigir-lhe o cumprimento, cabendo, em qualquer dos casos, indenização por perdas e danos". 2. Nessa linha de entendimento, a teoria do substancial adimplemento visa a impedir o uso desequilibrado do direito de resolução por parte do credor, preterindo desfazimentos desnecessários em prol da preservação da avença, com vistas à realização dos princípios da boa-fé e da função social do contrato. 3. No caso em apreço, é de se aplicar a da teoria do adimplemento substancial dos contratos, porquanto o réu pagou: "31 das 36 prestações contratadas, 86% da obrigação total (contraprestação e VRG parcelado) e mais R$ 10.500,44 de valor residual garantido". O

mencionado descumprimento contratual é inapto a ensejar a reintegração de posse pretendida e, consequentemente, a resolução do contrato de arrendamento mercantil, medidas desproporcionais diante do substancial adimplemento da avença. 4. Não se está a afirmar que a dívida não paga desaparece, o que seria um convite a toda sorte de fraudes. Apenas se afirma que o meio de realização do crédito por que optou a instituição financeira não se mostra consentâneo com a extensão do inadimplemento e, de resto, com os ventos do Código Civil de 2002. Pode, certamente, o credor valer-se de meios menos gravosos e proporcionalmente mais adequados à persecução do crédito remanescente, como, por exemplo, a execução do título. 5. Recurso especial não conhecido. (STJ – Quarta Turma – Min. Luís Felipe Salomão – REsp 1051270/RS – Data do Julgamento 04/08/2011 – Data da Publicação/Fonte – DJe 05/09/2011 – LEXSTJ vol. 267 p. 59 – RDDP vol. 106 p. 165)

LEASING. ADIMPLEMENTO SUBSTANCIAL. Trata-se de REsp oriundo de ação de reintegração de posse ajuizada pela ora recorrente em desfavor do ora recorrido por inadimplemento de contrato de arrendamento mercantil (leasing). A Turma, ao prosseguir o julgamento, por maioria, entendeu, entre outras questões, que, diante do substancial adimplemento do contrato, ou seja, foram pagas 31 das 36 prestações, mostra-se desproporcional a pretendida reintegração de posse e contraria princípios basilares do Direito Civil, como a função social do contrato e a boa-fé objetiva. Consignou-se que a regra que permite tal reintegração em caso de mora do devedor e consequentemente, a resolução do contrato, no caso, deve sucumbir diante dos aludidos princípios. Observou-se que o meio de realização do crédito pelo qual optou a instituição financeira recorrente não se mostra consentâneo com a extensão do inadimplemento nem com o CC/2002. Ressaltou-se, ainda, que o recorrido pode, certamente, valer-se de meios menos gravosos e proporcionalmente mais adequados à persecução do crédito remanescente, por exemplo, a execução do título. Precedentes citados: REsp 272.739-MG, DJ 2/4/2001; REsp 469.577-SC, DJ 5/5/2003, e REsp 914.087-RJ, DJ 29/10/2007. REsp 1.051.270-RS, Rel. Min. Luis Felipe Salomão, julgado em 4/8/2011. (STJ – Quarta Turma – Informativo nº 0480 – Período: 1º a 12 de agosto de 2011)

PREVIDÊNCIA PRIVADA. PECÚLIO. MORA. CANCELAMENTO. Cuida-se de REsp para desconstituir o acórdão que negou à ora recorrente o pagamento de indenização por plano privado de pecúlio, ao fundamento de que o contrato havia sido cancelado antes do falecimento do segurado em razão do suposto inadimplemento de parcelas vencidas. Nesta instância especial, entendeu-se que o contrato de previdência privada com plano de pecúlio por morte assemelha-se ao seguro de vida, podendo também as normas aplicáveis às sociedades seguradoras estender-se, no que couber, às entidades abertas de previdência privada

(art. 73 da LC n. 109/2001). Ressaltou-se que, nos contratos de seguro, o simples atraso no pagamento do prêmio não é em si bastante para a suspensão da cobertura e consequente negativa da indenização, sendo necessária a interpelação do devedor para lhe propiciar, inclusive, a purgação da mora. De modo similar, descabe negar o pagamento de pecúlio por morte sem que o devedor seja previamente interpelado para a purgação da mora. Ademais, consignou-se a incidência da teoria do adimplemento substancial, que objetiva impedir o uso desequilibrado do direito de resolução por parte do credor quando o rompimento do pacto não se ajusta às exigências de índole social ou pautadas pela boa-fé. *In casu*, embora houvesse mora de 90 dias no pagamento da mensalidade do plano, antes da ocorrência do fato gerador (morte do contratante), tentou-se a purgação, ocasião em que os valores atrasados foram pagos pelo de cujus, mas a ele devolvidos pela entidade de previdência privada, devido ao cancelamento administrativo do contrato ocorrido seis dias antes. Sendo assim, o inadimplemento contratual não pode ser imputado exclusivamente ao falecido, na medida em que decorreu do arbítrio injustificável da entidade de previdência e seguros (recorrida) ao não receber as parcelas em atraso antes mesmo da ocorrência do sinistro, não agindo assim com a boa-fé e cooperação recíproca que são essenciais à harmonização das relações civis. Dessarte, concluiu-se que, na espécie, torna-se incabível a negativa de pagamento do pecúlio depois de verificada a morte do contratante. Precedentes citados: REsp 316.552-SP, DJ 12/4/2004; REsp 780.324-PR, DJe 9/9/2010; REsp 734.520-MG, DJ 15/10/2007; REsp 159.661-MS, DJ 14/2/2000, e REsp 141.951-RS, DJ 18/9/2000. REsp 877.965-SP, Rel. Min. Luis Felipe Salomão, julgado em 22/11/2011. (STJ – Quarta Turma – Informativo nº 0488 Período: 21 de novembro a 2 de dezembro de 2011).
ARRENDAMENTO MERCANTIL. REINTEGRAÇÃO DE POSSE. ADIMPLEMENTO SUBSTANCIAL. Trata-se de REsp oriundo de ação de reintegração de posse ajuizada pela ora recorrente em desfavor do recorrido por inadimplemento de contrato de arrendamento mercantil (leasing) para a aquisição de 135 carretas. A Turma reiterou, entre outras questões, que, diante do substancial adimplemento do contrato, qual seja, foram pagas 30 das 36 prestações da avença, mostra-se desproporcional a pretendida reintegração de posse e contraria princípios basilares do Direito Civil, como a função social do contrato e a boa-fé objetiva. Ressaltou-se que a teoria do substancial adimplemento visa impedir o uso desequilibrado do direito de resolução por parte do credor, preterindo desfazimentos desnecessários em prol da preservação da avença, com vistas à realização dos aludidos princípios. Assim, tendo ocorrido um adimplemento parcial da dívida muito próximo do resultado final, daí a expressão "adimplemento substancial", limita-se o direito do credor, pois a resolução direta do contrato mostrar-se-ia um exagero, uma demasia.

Dessa forma, fica preservado o direito de crédito, limitando-se apenas a forma como pode ser exigido pelo credor, que não pode escolher diretamente o modo mais gravoso para o devedor, que é a resolução do contrato. Dessarte, diante do substancial adimplemento da avença, o credor poderá valer-se de meios menos gravosos e proporcionalmente mais adequados à persecução do crédito remanescente, mas não a extinção do contrato. Precedentes citados: REsp 272.739-MG, DJ 2/4/2001; REsp 1.051.270-RS, DJe 5/9/2011, e AgRg no Ag 607.406-RS, DJ 29/11/2004. (STJ – Terceira Turma – REsp 1.200.105-AM, Rel. Min. Paulo de Tarso Sanseverino, julgado em 19/6/2012. – Informativo nº 0500 Período: 18 a 29 de junho de 2012).

4. No adimplemento substancial tem-se a evolução gradativa da noção de tipo de dever contratual descumprido, para a verificação efetiva da gravidade do descumprimento, consideradas as consequências que, da violação do ajuste, decorre para a finalidade do contrato. Nessa linha de pensamento, devem-se observar dois <u>critérios que embasam o acolhimento do adimplemento substancial</u>: a seriedade das consequências que de fato resultaram do descumprimento, e a importância que as partes aparentaram dar à cláusula pretensamente infringida. (STJ – Terceira Turma – REsp 1215289/SP – Rel. Min. Sidnei Beneti. Data do Julgamento 05/02/2013 – Data da Publicação/Fonte – DJe 21/02/2013).

DIREITO EMPRESARIAL. INCIDÊNCIA DA BOA-FÉ OBJETIVA NO CONTRATO DE REPRESENTAÇÃO COMERCIAL. Não é possível ao representante comercial exigir, após o término do contrato de representação comercial, a diferença entre o valor da comissão estipulado no contrato e o efetivamente recebido, caso não tenha havido, durante toda a vigência contratual, qualquer resistência ao recebimento dos valores em patamar inferior ao previsto no contrato. (...) Desde o início da relação contratual, tendo sido a comissão paga em valor inferior ao que pactuado, conclui-se que a cláusula que estipula pagamento de comissão em outro valor nunca chegou a viger. Ainda, observa-se que, nessa situação, não houve qualquer redução da remuneração do representante que lhe pudesse causar prejuízos, de forma a contrariar o caráter eminentemente protetivo e social da lei. Se o representante permanece silente durante todo o contrato em relação ao valor da comissão, pode-se considerar que tenha anuído tacitamente com essa condição de pagamento, não sendo razoável que, somente após o término do contrato, venha a reclamar a diferença. Com efeito, a boa-fé objetiva, princípio geral de direito recepcionado pelos arts. 113 e 422 do CC/2002 como instrumento de interpretação do negócio jurídico e norma de conduta a ser observada pelas partes contratantes, exige de todos um comportamento condizente com um padrão ético de confiança e lealdade, induz deveres acessórios de conduta, impondo às partes comportamentos obrigatórios implicitamente contidos em todos os contratos, a serem

observados para que se concretizem as justas expectativas oriundas da própria celebração e execução da avença, mantendo-se o equilíbrio da relação. Essas regras de conduta não se orientam exclusivamente ao cumprimento da obrigação, permeando toda a relação contratual, de modo a viabilizar a satisfação dos interesses globais envolvidos no negócio, sempre tendo em vista a plena realização da sua finalidade social. Além disso, o referido princípio tem a função de limitar o exercício dos direitos subjetivos. A esta função, aplica-se a teoria do adimplemento substancial das obrigações e a teoria dos atos próprios como meio de rever a amplitude e o alcance dos deveres contratuais, daí derivando o instituto da *supressio*, que indica a possibilidade de considerar suprimida determinada obrigação contratual na hipótese em que o não exercício do direito correspondente, pelo credor, gerar ao devedor a legítima expectativa de que esse não exercício se prorrogará no tempo. Em outras palavras, haverá redução do conteúdo obrigacional pela inércia qualificada de uma das partes em exercer direito ou faculdade ao longo da execução do contrato, criando para a outra a sensação válida e plausível – a ser apurada casuisticamente – de ter havido a renúncia àquela prerrogativa. Assim, o princípio da boa-fé objetiva torna inviável a pretensão do representante comercial de exigir retroativamente valores que foram por ele dispensados, de forma a preservar uma expectativa legítima, construída e mantida ao longo de toda a relação contratual pelo representado. REsp 1.162.985-RS, Rel. Ministra Nancy Andrighi, julgado em 18/6/2013. (STJ – Terceira Turma – Informativo nº 0523 Período: 14 de agosto de 2013).
5. O fato de ter sido ajuizada a ação de busca e apreensão pelo inadimplemento de apenas 1 (uma) das 24 (vinte e quatro) parcelas avençadas pelos contratantes não é capaz de, por si só, tornar ilícita a conduta do credor fiduciário, pois não há na legislação de regência nenhuma restrição à utilização da referida medida judicial em hipóteses de inadimplemento meramente parcial da obrigação. 6. Segundo a teoria do adimplemento substancial, que atualmente tem sua aplicação admitida doutrinária e jurisprudencialmente, não se deve acolher a pretensão do credor de extinguir o negócio em razão de inadimplemento que se refira a parcela de menos importância do conjunto de obrigações assumidas e já adimplidas pelo devedor. 7. A aplicação do referido instituto, porém, não tem o condão de fazer desaparecer a dívida não paga, pelo que permanece possibilitado o credor fiduciário de perseguir seu crédito remanescente (ainda que considerado de menor importância quando comparado à totalidade da obrigação contratual pelo devedor assumida) pelos meios em direito admitidos, dentre os quais se encontra a própria ação de busca e apreensão de que trata o Decreto-Lei nº 911/1969, que não se confunde com a ação de rescisão contratual – esta, sim, potencialmente indevida em virtude do adimplemento substancial da

obrigação. 8. Recurso especial provido para, restabelecendo a sentença de primeiro grau, julgar improcedente o pedido indenizatório autoral. (STJ – Terceira Turma – REsp 1255179/RJ – Min. Ricardo Villas Bôas Cueva – Data do Julgamento 25/08/2015 – Data da Publicação/Fonte DJe 18/11/2015 – RT vol. 966 p. 393)
1. O uso do instituto da substancial performance não pode ser estimulado a ponto de inverter a ordem lógico-jurídica que assenta o integral e regular cumprimento do contrato como meio esperado de extinção das obrigações. 2. Ressalvada a hipótese de evidente relevância do descumprimento contratual, o julgamento sobre a aplicação da chamada "Teoria do Adimplemento Substancial" não se prende ao exclusivo exame do critério quantitativo, devendo ser considerados outros elementos que envolvem a contratação, em exame qualitativo que, ademais, não pode descurar dos interesses do credor, sob pena de afetar o equilíbrio contratual e inviabilizar a manutenção do negócio. 3. A aplicação da Teoria do Adimplemento Substancial exigiria, para a hipótese, o preenchimento dos seguintes requisitos: *a) a existência de expectativas legítimas geradas pelo comportamento das partes; b) o pagamento faltante há de ser* ínfimo em se considerando o total do negócio; *c) deve ser possível a conservação* da eficácia do negócio sem prejuízo ao direito do credor de pleitear a quantia devida pelos meios ordinários (critérios adotados no REsp 76.362/MT, QUARTA TURMA, j. Em 11/12/1995, DJ 01/04/1996, p. 9917). 4. No caso concreto, é incontroverso que a devedora inadimpliu com parcela relevante da contratação, o que inviabiliza a aplicação da referida doutrina, independentemente da análise dos demais elementos contratuais. 5. Recurso especial não provido. (STJ – Quarta Turma – REsp 1581505/SC – Rel. Min. Antônio Carlos Ferreira – Data do Julgamento 18/08/2016 – Data da Publicação/Fonte DJe 28/09/2016).
4. A teoria do adimplemento substancial tem por objetivo precípuo impedir que o credor resolva a relação contratual em razão de inadimplemento de ínfima parcela da obrigação. A via judicial para esse fim é a ação de resolução contratual. Diversamente, o credor fiduciário, quando promove ação de busca e apreensão, de modo algum pretende extinguir a relação contratual. Vale-se da ação de busca e apreensão com o propósito imediato de dar cumprimento aos termos do contrato, na medida em que se utiliza da garantia fiduciária ajustada para compelir o devedor fiduciante a dar cumprimento às obrigações faltantes, assumidas contratualmente (e agora, por ele, reputadas ínfimas). A consolidação da propriedade fiduciária nas mãos do credor apresenta-se como consequência da renitência do devedor fiduciante de honrar seu dever contratual, e não como objetivo imediato da ação. E, note-se que, mesmo nesse caso, a extinção do contrato dá-se pelo cumprimento da obrigação, ainda que de modo compulsório, por meio da garantia fiduciária ajustada. 4.1 É questionável, se não inadequado,

supor que a boa-fé contratual estaria ao lado de devedor fiduciante que deixa de pagar uma ou até algumas parcelas por ele reputadas ínfimas mas certamente de expressão considerável, na ótica do credor, que já cumpriu integralmente a sua obrigação, e, instado extra e judicialmente para honrar o seu dever contratual, deixa de fazê-lo, a despeito de ter a mais absoluta ciência dos gravosos consectários legais advindos da propriedade fiduciária. A aplicação da teoria do adimplemento substancial, para obstar a utilização da ação de busca e apreensão, nesse contexto, é um incentivo ao inadimplemento das últimas parcelas contratuais, com o nítido propósito de desestimular o credor – numa avaliação de custo-benefício – de satisfazer seu crédito por outras vias judiciais, menos eficazes, o que, a toda evidência, aparta-se da boa-fé contratual propugnada. 4.2. A propriedade fiduciária, concebida pelo legislador justamente para conferir segurança jurídica às concessões de crédito, essencial ao desenvolvimento da economia nacional, resta comprometida pela aplicação deturpada da teoria do adimplemento substancial. 5. Recurso Especial provido. (STJ – Segunda Seção – Rel. Min. Marco Buzzi. Re. p/ acórdão Min. Marco Aurélio Bellizze – REsp 1622555/MG -Data do Julgamento 22/02/2017 – Data da Publicação/ Fonte DJe 16/03/2017 – RJTJRS vol. 305 p. 153 – RSTJ vol. 246 p. 355 – RT vol. 985 p. 552)

A controvérsia posta no recurso especial reside em saber se a ação de busca e apreensão, motivada pelo inadimplemento de contrato de financiamento de automóvel, garantido por <u>alienação fiduciária</u>, deve ser extinta, por falta de interesse de agir, em razão da aplicação da teoria do adimplemento substancial. Inicialmente, releva acentuar que a teoria, sem previsão legal específica, desenvolvida como corolário dos princípios da boa-fé contratual e da função social dos contratos, preceitua a impossibilidade de o credor extinguir o contrato estabelecido entre as partes, em virtude de inadimplemento, do outro contratante/devedor, de parcela ínfima, em cotejo com a totalidade das obrigações assumidas e substancialmente quitadas. Para o desate da questão, afigura-se de suma relevância delimitar o tratamento legislativo conferido aos negócios fiduciários em geral, do que ressai evidenciado, que o Código Civil se limitou a tratar da propriedade fiduciária de bens móveis infungíveis (arts. 1.361 a 1.368-A), não se aplicando às demais espécies de propriedade fiduciária ou de titularidade fiduciária disciplinadas em lei especial, como é o caso da alienação fiduciária dada em garantia, regida pelo Decreto-Lei 911/1969, salvo se o regramento especial apresentar alguma lacuna e a solução ofertada pela "lei geral" não se contrapuser às especificidades do instituto regulado pela mencionada lei. No ponto, releva assinalar que o Decreto-lei 911/1969, já em sua redação original, previa a possibilidade de o credor fiduciário, desde que comprovada a mora ou o inadimplemento – sendo, para esse fim, irrelevante qualquer consideração acerca da medida do inadimplemento – valer-se da medida judicial de busca e apreensão do bem alienado fiduciariamente, a ser concedida liminarmente. Além de o Decreto-Lei não tecer qualquer restrição à utilização da ação de busca e apreensão em razão da extensão da mora ou da proporção do inadimplemento, preconizou, expressamente, que a restituição do bem livre de ônus ao devedor fiduciante é condicionada ao pagamento da "integralidade da dívida pendente, segundo os valores apresentados pelo credor fiduciário na inicial". Por oportuno, é de se destacar que, por ocasião do julgamento do REsp n. 1.418.593-MS, sob o rito dos repetitivos, em que se discutia a possibilidade de o devedor purgar a mora, diante da entrada em vigor da Lei n. 10.931/2004, que modificou a redação do art. 3º, §2º, do Decreto-Lei, a Segunda Seção do STJ bem especificou o que consistiria a expressão "dívida pendente", assim compreendida como as parcelas vencidas e não pagas, as parcelas vincendas e os encargos, segundo os valores apresentados pelo credor fiduciário na inicial, cujo pagamento integral viabiliza a restituição do bem ao devedor, livre de ônus. Afigura-se, pois, de todo incongruente inviabilizar a utilização da ação de busca e apreensão na hipótese em que o inadimplemento revela-se incontroverso e quando a lei especial de regência expressamente condiciona a possibilidade de o bem ficar com o devedor fiduciário somente nos casos de pagamento da integralidade da dívida pendente. (STJ – Segunda Seção – Informativo nº 0599 – Publicação: 11 de abril de 2017)

1. Discussão acerca da aplicação da chamada Teoria do Adimplemento Substancial, instituto que pode, eventualmente, restringir o direito do credor à resolução contratual previsto no artigo 475 do CC/02 (art. 1.092, §único, do CC/16), tendo por fundamento a função de controle do princípio da boa-fé objetiva. 2. "O adimplemento substancial constitui um adimplemento tão próximo ao resultado final, que, tendo-se em vista a conduta das partes, exclui-se o direito de resolução, permitindo-se tão somente o pedido de indenização e/ou adimplemento, de vez que a primeira pretensão viria a ferir o princípio da boa-fé (objetiva)". 3. Doutrina e jurisprudência acerca do tema. 4. Caso concreto em que restou incontroverso que a devedora inadimpliu parcela relevante da contratação (cerca de um terço do total da dívida contraída), mostrando-se indevida a aplicação, pelo Tribunal de origem, da Teoria do Adimplemento Substancial. 5. Necessidade de retorno dos autos à origem a fim de que proceda ao julgamento dos demais pedidos constantes da petição inicial, bem como da reconvenção. 6. Recurso Especial provido. (STJ – Terceira Turma – REsp 1636692/RJ – Rel. Min. Paulo de Tarso Sanseverino – Data do Julgamento 12/12/2017 – Data da Publicação/Fonte DJe 18/12/2017)

1. "Nos contratos firmados na vigência da Lei n. 10.931/2004, compete ao devedor, no prazo de 5 (cinco) dias após a execução da liminar na ação de busca e apreensão, pagar a integralidade da dívida – entendida esta

como os valores apresentados e comprovados pelo credor na inicial –, sob pena de consolidação da propriedade do bem móvel objeto de alienação fiduciária" (REsp n. 1.418.593/MS, Relator Ministro LUIS FELIPE SALOMÃO, SEGUNDA SEÇÃO, julgado em 14/5/2014, DJe 27/5/2014.). Precedente representativo da controvérsia (art. 543-C do CPC). 2. A Segunda Seção do STJ, no julgamento do REsp n. 1.622.555/MG, firmou o entendimento de que não se aplica a teoria do adimplemento substancial para a alienação fiduciária regida pelo Decreto-Lei n. 911/1969. (REsp 1622555/MG, Relator para o Acórdão Ministro MARCO AURÉLIO BELLIZZE, DJe 16/3/2017). 3. Agravo interno a que se nega provimento. (STJ – Quarta Turma – AgInt no REsp 1698348/DF – Rel. Min. Antônio Carlos Ferreira – Data do Julgamento 01/03/2018 – Data da Publicação/ Fonte DJe 14/03/2018)
1. Este Superior Tribunal de Justiça sumulou o entendimento de que "na hipótese de resolução de contrato de promessa de <u>compra e venda de imóvel</u> submetido ao Código de Defesa do Consumidor, deve ocorrer a imediata restituição das parcelas pagas pelo promitente comprador integralmente, em caso de culpa exclusiva do promitente vendedor/ construtor, ou parcialmente, caso tenha sido o comprador quem deu causa ao desfazimento" (Súmula 543/STJ). 2. Cuidando o presente caso de resolução de contrato de compra e venda de imóvel por culpa exclusiva do promitente vendedor, como concluído pelo Tribunal de origem, a consequência jurídica, estampada na referida súmula, é a imediata e integral restituição das parcelas pagas pelo promitente comprador. Assim, não há que se falar na aplicação da teoria do adimplemento substancial, tendo em vista que o acórdão estadual está em consonância com o posicionamento deste Tribunal Superior, nos termos da Súmula 83/STJ. 3. O Tribunal a quo, soberano na análise probatória, consignou estar devidamente demonstrado o dano moral, ao fundamento de que o atraso na entrega do imóvel exorbitou o simples inadimplemento contratual. Nesse contexto, reverter a conclusão da Corte local para acolher a pretensão recursal demandaria o revolvimento do acervo fático-probatório dos autos e a análise e interpretação de cláusulas contratuais, o que se mostra inviável ante a natureza excepcional da via eleita, consoante enunciado das Súmulas n. 5 e 7 do Superior Tribunal de Justiça. 4. A Corte local, ao fixar a data da citação como o termo inicial dos juros de mora incidentes sobre o valor das parcelas a serem restituídas, nos casos em que a rescisão do contrato foi causada exclusivamente pelo promitente vendedor, alinhou-se ao entendimento deste Superior Tribunal de Justiça. 5. Consoante iterativa jurisprudência desta Corte, a incidência da Súmula n. 7 do STJ impede o conhecimento do recurso lastreado, também, pela alínea c do permissivo constitucional, uma vez que falta identidade entre os paradigmas apresentados e os fundamentos do acórdão, tendo em conta a situação fática de cada caso.

6. A aplicação da multa prevista no §4º do art. 1.021 do CPC/2015 não é automática, não se tratando de mera decorrência lógica do desprovimento do agravo interno em votação unânime. A condenação do agravante ao pagamento da aludida multa, a ser analisada em cada caso concreto, em decisão fundamentada, pressupõe que o agravo interno mostre-se manifestamente inadmissível ou que sua improcedência seja de tal forma evidente que a simples interposição do recurso possa ser tida, de plano, como abusiva ou protelatória. 7. Agravo interno desprovido. (STJ – Terceira Turma – AgInt no REsp 1729742/SE – Rel. Min. Marco Aurélio Bellizze – Data do Julgamento 15/05/2018 Data da Publicação/Fonte DJe 28/05/2018)
1. A Teoria do Adimplemento Substancial, de <u>aplicação estrita no âmbito do direito contratual</u>, somente nas hipóteses em que a parcela inadimplida revela-se de escassa importância, não tem incidência nos vínculos jurídicos familiares, revelando-se inadequada para solver controvérsias relacionadas a obrigações de natureza alimentar. 2. O pagamento parcial da obrigação alimentar não afasta a possibilidade da prisão civil. Precedentes. 3. O sistema jurídico tem mecanismos por meio dos quais o devedor pode justificar o eventual inadimplemento parcial da obrigação (CPC/2015, art. 528) e, outrossim, pleitear a revisão do valor da prestação alimentar (L. 5.478/1968, art. 15; CC/2002, art. 1.699). 4. A ação de Habeas Corpus não é a seara adequada para aferir a relevância do débito alimentar parcialmente adimplido, o que só pode ser realizado a partir de uma profunda incursão em elementos de prova, ou ainda demandando dilação probatória, procedimentos incompatíveis com a via estreita do remédio constitucional. 5. Ordem denegada. (STJ – Quarta Turma – HC 439973/MG – Rel. Min. Luís Felipe Salomão. Rel. p/ acórdão Rel. Min. Antônio Carlos Ferreira. Data do Julgamento 16/08/2018 – Data da Publicação/Fonte – DJe 04/09/2018 – RSTJ vol. 252 p. 822 – RT vol. 1006 p. 387).
Trata-se de habeas corpus em que se discute a possibilidade de aplicação da teoria do adimplemento substancial em controvérsias relacionadas a <u>obrigações de natureza alimentar</u>. A par de encontrar um estreito espaço de aplicação no direito contratual – exclusivamente nas hipóteses em que o inadimplemento revela-se de escassa importância quando cotejado com a obrigação como um todo, ao lado de elementos outros cuja análise demanda uma avaliação qualitativa, casuística e aprofundada da avença, incompatível com o rito do habeas corpus –, a teoria do adimplemento substancial não tem incidência nos vínculos jurídicos familiares, menos ainda para solver controvérsias relacionadas a obrigações de natureza alimentar. Com efeito, trata-se de instituto que, embora não positivado no ordenamento jurídico brasileiro, está incorporado em nosso Direito por força da aplicação prática de princípios típicos das relações jurídicas de natureza contratual. Por sua vez, a obrigação alimentar diz respeito a bem

jurídico indisponível, intimamente ligado à subsistência do alimentando, cuja relevância ensejou fosse incluído como exceção à regra geral que veda a prisão civil por dívida, o que evidencia ter havido ponderação de valores, pelo próprio constituinte originário, acerca de possível conflito com a liberdade de locomoção, outrossim um direito fundamental de estatura constitucional. Isso porque os alimentos impostos por decisão judicial guardam consigo a presunção de que o valor econômico neles contido traduz o mínimo existencial do alimentando, de modo que a subtração de qualquer parcela dessa quantia pode ensejar severos prejuízos a sua própria manutenção. Além disso, o julgamento sobre a cogitada irrelevância do inadimplemento da obrigação não se prende ao exame exclusivo do critério quantitativo, sendo também necessário avaliar sua importância para satisfazer as necessidades do credor alimentar. Ora, a subtração de um pequeno percentual pode mesmo ser insignificante para um determinado alimentando, mas possivelmente não para outro, mais necessitado. Tem-se que o critério quantitativo não é suficiente nem exclusivo para a caracterização do adimplemento substancial, como já se manifesta parte da doutrina: "Observa-se, ainda, que predomina nos julgados a análise meramente quantitativa da parte inadimplida, principalmente através de percentual, sendo raros os acórdãos que abordam a significância do montante inadimplido em termos absolutos, o que entendemos correto. A ressalva que se faz, nesse ponto, é que o critério quantitativo é o menos relevante e significativo". (STJ – Quarta Turma – Informativo nº 0632 – Publicação: 28 de setembro de 2018).
5. O julgamento sobre a aplicação da chamada Teoria do Adimplemento Substancial não se prende ao exclusivo critério quantitativo, devendo ser considerados outros elementos que envolvem a contratação em exame qualitativo. 6. Assim, a **Teoria do Adimplemento Substancial exige**, para a hipótese, o preenchimento dos seguintes requisitos: i) o grau de satisfação do interesse do credor, ou seja, a prestação imperfeita deve satisfazer seu interesse; ii) comparação entre o valor da parcela descumprida com o valor do bem ou do contrato; iii) o esforço e diligência do devedor em adimplir integralmente; iv) a manutenção do equilíbrio entre as prestações correspectivas; v) a existência de outros remédios capazes de atender ao interesse do credor com efeitos menos gravosos ao devedor; e vi) ponderação entre a utilidade da extinção da relação jurídica obrigacional e o prejuízo que adviria para o devedor e para terceiros a partir da resolução. 7. No caso concreto, trata-se de ação reivindicatória ajuizada em razão de rescisão contratual por inadimplemento parcial de contrato de promessa de compra e venda de terreno. Posteriormente ao negócio foram alienadas, na planta, 156 (cento e cinquenta e seis) unidades imobiliárias do empreendimento Atlantic Beach Flat Hotel, que seria construído no local. 8. Nada obstante o percentual inadimplido do contrato não ser desprezível se isoladamente considerado, há que

aferir as demais circunstâncias relevantes. Primeiro, o valor agregado ao terreno e seu atual preço de mercado; segundo, os esforços dos terceiros interessados em quitar a dívida; e terceiro, a aparente recusa injustificada do credor em receber a quantia devida. 9. Ademais, deve ser observada a repercussão negativa na esfera jurídica dos adquirentes das unidades residenciais, terceiros de boa-fé diretamente atingidos com a rescisão do contrato de compra e venda do terreno. Diante da conjuntura desses fatores, não ficou demonstrado interesse digno de tutela jurídica em relação ao drástico efeito resolutório do contrato. 10. Segundo a jurisprudência desta Corte Superior, é "imprescindível a prévia manifestação judicial na hipótese de rescisão de compromisso de compra e venda de imóvel para que seja consumada a resolução do contrato, ainda que existente cláusula resolutória expressa, diante da necessidade de observância do princípio da boa-fé objetiva a nortear os contratos" (AgInt no AREsp 1.278.577/SP, Rel. Ministro LUIS FELIPE SALOMÃO, QUARTA TURMA, julgado em 18/9/2018, DJe 21/9/2018). 11. Portanto, a rescisão contratual não se dá, por si, em razão da presença de cláusula resolutória expressa. Na hipótese, reconhecida a incidência do adimplemento substancial da dívida, foram afastados os efeitos da referida cláusula e mantida a posse do bem com o comprador do imóvel, com o consequente desprovimento da ação reivindicatória. 12. Por fim, acolher os argumentos deduzidos nas razões do especial exigiria incursão sobre outros elementos de fato e de provas, e também o reexame das cláusulas do contrato entabulado entre as partes, procedimento vedado na instância excepcional a teor das Súmulas n. 5 e 7 do STJ. 13. Recurso especial a que se nega provimento. (STJ – Quarta Turma – REsp 1236960/RN – Min. ANTONIO CARLOS FERREIRA – Data do Julgamento 19/11/2019 – Data da Publicação/Fonte DJe 05/12/2019)

4. TEORIA DO ADIMPLEMENTO SUBSTANCIAL. INAPLICABILIDADE NA AÇÃO DE CONSIGNAÇÃO EM PAGAMENTO. DEPÓSITO QUE, SE NÃO REALIZADO NA INTEGRALIDADE, ENSEJA A IMPROCEDÊNCIA DA DEMANDA. RESP REPETITIVO N. 1.108.058/DF. 5. AGRAVO INTERNO DESPROVIDO 4. A Segunda Seção do STJ, ao analisar o REsp repetitivo n. 1.108.058/DF, firmou a seguinte tese: em ação consignatória, a insuficiência do depósito realizado pelo devedor conduz ao julgamento de improcedência do pedido, pois o pagamento parcial da dívida não extingue o vínculo obrigacional. No caso, não sendo depositado integralmente o valor devido na ação consignatória, mostra-se descabida aplicação da Teoria do Adimplemento Substancial. 5. Agravo interno desprovido. (STJ – Terceira Turma – AgInt no REsp 1694480/MG – Rel. MARCO AURÉLIO BELLIZZE – Data do Julgamento 10/06/2019 – Data da Publicação/Fonte DJe 13/06/2019)

CONSIDERAÇÕES FINAIS

Como visto, é inédito estudo específico sobre eventual aplicabilidade do adimplemento substancial nos crimes tributários, não encontrando investigação jurídica própria a respeito desse tema particularmente.

O presente estudo analisou as obrigações civis e tributárias, crimes tributários e a incidência do adimplemento substancial nos crimes tributários. Ademais, verificou-se a repercussão negativa, na ótica do direito financeiro, na adoção automática dessa teoria ao arrepio da lei e sem o devido planejamento fiscal compensatório – ante a diminuição na receita tributária estimada.

Outrossim, constatou-se a exigência do *pagamento integral* do tributo para a obtenção do beneplácito da extinção da punibilidade dos crimes tributários especificados em lei, nomeadamente o art. 9º da Lei nº 10.684/2003 e os artigos 68 e 69 da Lei nº 11.641/2009.

Ao final, conclui-se que não é possível utilizar interpretação ampliativa, a ponto de considerar extinto o tributo e a respectiva penalidade havendo somente pagamento parcial, ainda que o inadimplemento seja mínimo. Isso, porque a lei despenalizadora cria critério objetivo e específico – pagamento integral –, não podendo o intérprete realizar interpretação *contra legem*, sob pena de deturpação desvairada do Direito, desnaturando-o substancialmente.

Afora isso, não é possível o intercambiamento descomedido de princípios do direito privado com os princípios do direito público, visto que ambos os institutos possuem finalidades opostas: interesse privado e interesse público respectivamente.

Ainda que considere existente conflito entre a legislação civil e a legislação penal tributária, esta última deve prevalecer – regulando a temática –, haja vista que, havendo antinomias, aplica-se o princípio *lex specialis derogat legi generali*.[223]

---

[223] BOBBIO, Norberto. *Teoria do ordenamento jurídico*. Brasília: Polis/UNB, 1991. p. 95-96.

Sem embargo, atendidos os pressupostos constitucionais e legais, é possível que o legislador federal conceda – mediante lei específica – isenção ou remissão nos crimes tributários, afigurando-se hipótese de *adimplemento substancial tributário*.

Por conseguinte, havendo previsão legal criada pelo legislador, o pagamento de parte significativa ou quase total do tributo sonegado/fraudado – que fundamenta o crime tributário – será reputado hábil e considerado suficiente, extinguindo a punibilidade respectiva. Desse modo, atende-se ao princípio da legalidade tanto na perspectiva do direito penal quanto na do direito tributário e financeiro.

Assim, via de regra e abstratamente, é vedada a adoção da teoria do adimplemento substancial nos crimes tributários, salvo previsão legal em sentido contrário, concessiva de isenção ou remissão – caracterizando o que denomino de *adimplemento substancial tributário*.

REFERÊNCIAS

AGUIR JÚNIOR, Ruy Rosado de. *Extinção dos contratos por incumprimento do devedor*. 2. ed. Rio de Janeiro: AIDE, 2004.

ALEMANHA. *Bundesministerium der Justiz und für Verbraucherschutz - Bundesamt für Justiz. Bürgerliches Gesetzbuch (BGB)*. Disponível em: https://www.gesetze-im-internet. de/bgb/__323.html. Acesso em: 10 mar. 2020.

AMARAL, Luiz Fernando Prudente. *Contrato e teoria do adimplemento substancial*. São Paulo: Foco, 2019.

AMARO, Luciano. *Direito tributário brasileiro*. 16. ed. São Paulo: Saraiva, 2010.

ARISTÓTELES. *Política*. Os pensadores. São Paulo: Nova Cultural, 2000.

BALEEIRO, Aliomar. *Uma introdução à ciência das finanças*. Atualizador: Dejalma de Campos. 16. ed. Rio de Janeiro: Forense, 2008.

BALTAZAR, José Paulo. *Crimes federais*. 9. ed. São Paulo: Saraiva, 2014.

BARROSO, Luís Roberto. *Curso de direito constitucional contemporâneo*. 2. ed. São Paulo: Saraiva, 2010.

BECKER, Anelise. A doutrina do adimplemento substancial no direito brasileiro e em perspectiva comparativista. *Revista da Faculdade de Direito da Universidade Federal do Rio Grande do Sul*, v. 9, nº 1, nov. 1993.

BENJAMIN, Antônio Hermam V.; MARQUES, Cláudia Lima; BESSA, Leonardo Roscoe. *Manual de direito do consumidor*. 3. ed. Editora Revista dos Tribunais. São Paulo, 2010.

BITENCOURT, Cezar Roberto. *Tratado de direito penal econômico*. Volume 1. São Paulo: Saraiva, 2016.

BITENCOURT, Cézar Roberto. *Tratado de direito penal*. Parte geral 1. 13. ed. São Paulo: Saraiva, 2008.

BLANCO CORDERO, Isidoro. El delito fiscal como actividad delictiva previa del blanqueo de capitales. *Revista Electrónica de Ciencia Penal y Criminología*. ISSN 1695-0194. ARTÍCULOS. RECPC 13-01 (2011). Disponível em: http://criminet.ugr.es/recpc/13/recpc13-01.pdf. Acesso em: 05 fev. 2020.

BLUMENSTEIN, Ernst. *Sistema di diritto dele imposte*. Trad. Francesco Forte. Milano: Dott. A. Giuffrè, 1954.

BOBBIO, Norberto. *Teoria do ordenamento jurídico*. Brasília: Polis/UNB, 1991.

BRASIL. Decreto nº 8.327, de 16 de outubro de 2014. *Convenção das Nações Unidas sobre Contratos de Compra e Venda Internacional de Mercadorias – Uncitral*, firmado em Viena, em 11 de abril de 1980.

BRASIL. Prefeitura de São Paulo. *Glossário*. Portal da Transparência. Disponível em: http://transparencia.prefeitura.sp.gov.br/Lists/Glossario/DispForm.aspx?ID=83. Acesso em: 01 jan. 2020.

BRASIL. Conselho de Finanças Públicas. *Glossário* – Despesa primária. Disponível em: https://www.cfp.pt/pt. Acesso em: 01 jan. 2020.

BRASIL. Ministério do Planejamento, Desenvolvimento e Gestão. *Manual técnico de orçamento*. Brasília, 2018. Disponível em: https://www1.siop.planejamento.gov.br/mto/lib/exe/fetch.php/mto2018:170620_mto_atual_versao-2.pdf. Acesso em: 26 nov. 2021.

BUENO, Manoel Carlos. *Código de Hamurabi* – Manual dos inquisidores, Lei das XII Tábuas, Lei de Talião. 2. ed. São Paulo: EDIJUR, 2018.

BUJANDA, F. Sainz de. *En torno al concepto y al contenido del derecho penal tributario*, en ADPCP, 1968.

CALDEIRA, Jorge. *História da riqueza no Brasil*. Rio de Janeiro: Estação Brasil, 2017.

CARRAZA, Roque Antônio. *Curso de direito constitucional tributário*. 28. ed. São Paulo: Malheiros, 2012.

CARVALHO, Paulo de Barros. *Curso de direito tributário*. 24. ed. São Paulo: Saraiva, 2012.

CHAVES, Cristiano; ROSENVALD, Nelson. *Curso de direito civil:* 2 Obrigações. 7. ed. Salvador: Juspodivm, 2013.

CÓDIGO CIVIL ALEMAN (BGB). Tradducción directa del alemán al castellano acompañada de notas aclaratorias, com indicación de las modificaciones habidas hasta el año 1950 por Carlos Melon Infante. Barcelona: Bosch, 1955.

COGO, Rodrigo Barreto. *A frustração do fim do contrato*: o impacto dos fatos supervenientes sobre o programa contratual. Rio de Janeiro: Renovar, 2012, p. 225.

COUTO E SILVA, Clóvis V. *A obrigação como processo*. Rio de Janeiro: Editora FGV, 2006.

COUTO E SILVA, Clóvis. O princípio da boa-fé no direito brasileiro e português. *In*: FRADERA, Véra Maria Jacob de (org.). *O direito privado brasileiro na visão de Clóvis do Couto e Silva*. Porto Alegre: Livraria do Advogado, 1997.

CUELLO CALÓN, Eugenio. *La moderna penología*. (Represión del delito y tratamiento de los delincuentes. Penas y medidas. Su ejecución). Tomo I. Barcelona: Bosch Casa Editorial, 1958.

DURKHEIM, Émile. *A educação moral*. 2. ed. Petrópolis/RJ: Vozes, 2012.

ENNECCERUS, Ludwig; KIPP, Theodor; WOLFF, Martín. *Tratado de derecho civil*. Segundo tomo – Derecho de obligaciones. Volumen primero. Doctrina general. Traduzido por Blas Pérez Gonzáles y José Alguer. Barcelona: Bosch, 1944.

ENNECCERUS, Ludwig; KIPP, Theodor; WOLFF, Martín. *Tratado de derecho civil*. Segunto Tomo – Derecho de Obligaciones. Volumen segundo. Doctrina Especial. Traduzido por Blas Pérez Gonzáles y José Alguer. Barcelona: Bosch, 1944.

ESPANHA. *Boletín oficial del Estado*. Legislación Consolidada. Ministerio de Gracia y Justicia – Real Decreto de 24 de julio de 1889 por el que se publica el Código Civil. Disponível em: https://www.boe.es/buscar/pdf/1889/BOE-A-1889-4763-consolidado.pdf. Acesso em: 10 mar. 2020.

FERNÁNDEZ ALBOR, Agustin. *Estudios sobre criminalidad económica*. Barcelona: Bosch, 1978.

FERREIRA, Antônio Carlos. A interpretação da doutrina do adimplemento substancial. *Revista de Direito Civil Contemporâneo*. vol. 18. ano 6. São Paulo: Ed. RT, jan.-mar. 2019.

FERREIRA DOS SANTOS, Carlos Eduardo. *Normas de contabilidade no setor público*. Brasília: Amazon Kindle Direct Publishing, 2019.

FERREIRA, Pinto. *Comentários à Constituição Brasileira*. 6º Volume. Saraiva: São Paulo, 1994.

FONTAN BALESTRA, Carlos. *Derecho penal*. Introducción y parte general. Buenos Aires: Abeledo-Perrot, 1998.

FRADARA, Vera Maria Jacob de. *A boa fé objetiva, uma noção presente no conceito alemão, brasileiro e japonês de contrato*. MIGALHAS – 1º de julho de 2008. Disponível em: https://www.migalhas.com.br/depeso/63650/a-boa-fe-objetiva--uma-nocao-presente-no-conceito-alemao--brasileiro-e-japones-de-contrato https://www.migalhas.com.br/dePeso/16,MI63650,101048A+boa+fe+objetiva+uma+nacao+presente+no+conceito+alemao+brasileiro+e. Acesso em: 25 nov. 2021.

FRANÇA. Républeque Française. LegiFrance.gouv.fr. *Le service public de la diffusion du droit*. Disponível em: https://www.legifrance.gouv.fr/affichCodeArticle.do;jsessionid=93FFF38751A8061873FF90A7E50A308F.tplgfr31s_1?idArticle=LEGIARTI000032041210&cidTexte=LEGITEXT000006070721&dateTexte=20200104. Acesso em: 04 jan. 2020.

GARCÍA TIZÓN, Arturo. *Política fiscal y delitos contra la Hacienda Pública*. Mesas Redondas Derecho y Economia. Sexta Mesa Redonda: *El bien jurídico protegido en los delitos contra la Hacienda Pública*. Madrid: Editorial Universitaria Ramón Areces, 2007.

GIULIANI FONROUGE, Carlos M. *Derecho financiero*. Vol. II. Buenos Aires: Depalma, 1962.

GOMES, Orlando. *Contratos*. 8. ed. Rio de Janeiro: Forense, 1981.

GOMES, Orlando. *Introdução ao direito civil*. Atualizadores Edvaldo Brito e Reginalda Paranhos de Brito. 19. ed. Rio de Janeiro: Forense, 2008.

HARADA, Kiyoshi. *Direito financeiro e tributário*. 14. ed. São Paulo: Atlas, 2005.

HASSEMER, Winfried; MUÑOZ CONDE, Francisco. *Introducción a la criminología y a la política criminal*. Valencia: Tirant Lo Blanch, 2012.

HERRERO, Cesar Herrero. *Los delitos económicos. Perspectiva jurídica y criminológica*. Madrid: Ministerio del Interior – Secretaria General Tecnica, 1992.

HERRERO TEJEDOR, Fernando. *En torno al delito fiscal:* condicionamientos jurídicos previos para su implantación. Problemas tributarios actuales. Madrid: Instituto de Estudios Fiscales, Ministerio de Hacienda, 1973.

JESCHECK, Hans. *Tratado de derecho penal.* Parte General. Cuarta edición. Granada: Editorial Comares, 1993.

JIMENEZ DE ASÚA, Luis. *Tratado de derecho penal.* Tomo I. Buenos Aires: Editorial Losada, 1950.

KAISER, Günter. *Introducción a la criminología.* 7. ed. Traducción de José Arturo Rodrígues Núñez. Madrid: Editorial Dykinson, 1988.

KANT, Immanuel. *A metafísica dos costumes.* 2. ed. Barueri/SP, EDIPRO, 2008.

LANDROVE DÍAS, G. *Las infracciones tributarias ante el Derecho Penal español.* Madrid: Anuario de Derecho Penal y Ciencias Penales, 1971.

LAURE, Maurice. *Tratado de politica fiscal.* Traducción por Manuel García – Margallo Riaza. Madrid: Editorial de Derecho Financiero, 1960.

LEITE, Harrison. *Manual de Direito Financeiro.* 6. ed. Salvador: Juspodivm, 2017.

LIMA, Euzébio de Queiroz. *Princípios de sociologia jurídica.* 6. ed. Rio de Janeiro: Record, 1958.

MACHADO, Costa. Organizador. CHINELLATO, Silmara Juny. Coordenadora. *Código Civil interpretado* – Artigo por artigo, parágrafo por parágrafo. 7. ed. Barueri, SP: Manole, 2014.

MACHADO, Hugo de Brito. *Curso de direito tributário.* 31. ed. São Paulo: Malheiros, 2010.

MARTÍNEZ ALFARO, Joaquín. *Teoría de las obligaciones.* 2. ed. México: Editorial Porrúa. 1991.

MARTINEZ PEREZ, Carlos. *El delito fiscal.* Madrid: Editorial Montecorvo, 1982.

MARTINS-COSTA, Judith. A boa-fé objetiva e o adimplemento das obrigações. *Revista Brasileira de Direito Comparado,* v. 25, 2004, p. 229-284.

MARTINS-COSTA, Judith. *A boa-fé no direito privado.* Critérios para a sua aplicação. São Paulo: Marcial Pons, 2015.

MEIRELLES, Hely Lopes. *Direito administrativo brasileiro.* 20 ed. São Paulo: Malheiros 1995.

MENDES, Gilmar Ferreira. *Lei de Responsabilidade Fiscal.* (Org. Martins, Ives Gandra da Silva; NASCIMENTO, Carlos Valder do). São Paulo: Saraiva, 2001.

MERSÁN, Carlos A. *Direito tributário.* 2. ed. Tradução de Dejalma de Campos. São Paulo: Editora Revista dos Tribunais, 1988.

MONTEIRO. Washington de Barros. *Curso de direito civil.* Direito das Obrigações 1ª parte. 5. ed. São Paulo, Saraiva, 1968.

MOREIRA ALVES, José Carlos. *Direito romano.* Vol. II. 2. ed. Rio de Janeiro: Forense, 1972.

MUÑOZ CONDE, Francisco; GARCÍA ARÁN, Mercedez. *Derecho penal.* Parte General. 8. ed. Valência: Tirant Lo Blanch, 2010.

NAHARRO MORA, José Maria. *Lecciones de Hacienda Pública* (Principios Generales). 3. ed. Madrid: Marsiega, 1952.

NÓBREGA, Vandick Londres da. *História e sistema do direito privado romano*. 2. ed. São Paulo: Freitas Bastos, 1959.

NUCCI, Guilherme de Souza. *Manual de direito penal*. 10. ed. Rio de Janeiro: Forense, 2014.

OLIVEIRA, Regis Fernandes de. *Curso de direito financeiro*. 3. ed. São Paulo: Editora Revista dos Tribunais, 2010.

PAULSEN, Leandro. *Crimes federais*. 2. ed. São Paulo: Saraiva, 2018.

PAULSEN, Leandro. *Curso de direito tributário completo*. 9. ed. São Paulo: Saraiva, 2018.

PAULSEN, Leandro. *Direito tributário:* Constituição e Código Tributário à luz da doutrina e jurisprudência. 16. ed. Porto Alegre: Livraria do Advogado, 2014.

PÉREZ ROYO, Fernando. *Infracciones y sanciones tributarias*. Instituto de Estudios Fiscales. Ministerio de Hacienda, Madrid, 1972.

PLANIOL, Marcel. *Traité* élementaire de droit civil. Troisième édition. Tome Deuxième. Obligations – Contrats – Sûretés réelles. Paris: Librairie Générale de Droit et de Jurisprudence, 1949.

PLANIOL, Marcel. *Traité* élementaire de droit civil. Cinquième édition. Tome premier. Principes généraux, Personnes – Biens. Paris: Librairie Générale de Droit et de Jurisprudence, 1950.

PLANIOL Marcel; RIPERT, Georges. *Traité pratique de droit civil français*. Tome VI. Obligations. 2ª éd. Paris: Librairie Générale de Droit et de Jurisprudence, 1952.

PLANIOL Marcel; RIPERT, Georges. *Traité pratique de droit civil français*. Tome X. Contrats Civils. 2ª éd. Paris: Librairie Générale de Droit et de Jurisprudence, 1956.

PONTES DE MIRANDA. *Tratado de direito privado*. Parte especial. Tomo XXII. Direito das obrigações. São Paulo: Editora Revista dos Tribunais, 2012.

PONTES DE MIRANDA. *Tratado de direito privado*. Tomo XXIV. Direito das obrigações. São Paulo: Editora Revista dos Tribunais, 2012.

POTHIER, R. J. *Tratado de las obligaciones*. (Versión directa del *Traité des Obligations* de Robert Joseph Pothier, según la edición francesa de 1824). Buenos Aires: Editorial Atalaya, 1947.

PRADO, Luiz Regis. *Direito penal econômico*. 7. ed. São Paulo: Editora Revista dos Tribunais, 2016.

RAWLS, John. *Uma teoria de justiça*. Edição revista. São Paulo: Martins Fontes, 2016.

RODRIGUES JUNIOR, Otavio Luiz. *Teoria do adimplemento substancial não deve ser usada em decisões penais*. Consultor Jurídico, Coluna Direito Comparado, 10 set. 2014. Disponível em: https://www.conjur.com.br/2014-set-10/direito-comparado-teoria-adimplemento-substancial-nao-usada-decisoes-penais2. Acesso em: 04 jan. 2020

RODRÍGUEZ MOURULLO. *Presente y futuro del delito fiscal*. Madrid: Civitas, 1974.

ROXIN, Claus. *Derecho penal*. Parte general. Tomo I. Tradução de Diego Manuel Luzón Peña; Miguel Díaz y García Conlledo; Javier de Vicente Remesal. Madrid: Civitas, 1997.

SCHREIBER, Anderson. A tríplice transformação do adimplemento: adimplemento substancial, inadimplemento antecipado e outras figuras. *Revista Trimestral de Direito Civil*, v. 32, p. 20-21, 2007.

SILVA, De Plácido e. *Vocabulário jurídico*. 26. ed. Rio de Janeiro: Forense, 2005.

SILVA, José Afonso da. *Curso de direito constitucional positivo*. 9. ed. São Paulo: Malheiros, 1994.

STF. Supremo Tribunal Federal. Primeira Turma. *HC 81929/RJ*. Rel. Min. Sepúlveda Pertence. Rel. para acórdão Min. Cezar Peluso. Julgamento: 16/12/2003. Publicação DJ 27-02-2004 PP-00032 EMENT VOL-02141-04 PP-00780.

STF. Supremo Tribunal Federal. Tribunal Pleno. *AD 516 ED/DF*. Rel. Min. Ayres Britto. Rel. para acórdão Min. Luiz Fux. Julgamento: 05/12/2013. Publicação ACÓRDÃO ELETRÔNICO DJe-148 DIVULG 31-07-2014 PUBLIC 01-08-2014

STF. Supremo Tribunal Federal. Plenário. *ACO 1044/MT*, rel. Min. Luiz Fux, julgamento em 30.11.2016. Informativo STF nº 849.

STJ. Superior Tribunal de Justiça. Quinta Turma. *RHC 86565 / SP*. Rel. Min. Ribeiro Dantas. Data do julgamento: 21/02/2019. Data da publicação/Fonte: DJe 01/03/2019.

STJ. Supremo Tribunal Federal. Tribunal. Pleno. Rel. Min. Ricardo Lewandowski. *ARE 999425 RG/SC*. Julgamento em 02/03/2017. Publicação: DJe-050 DIVULG 15-03-2017. Public. 16-03-2017.

STJ. Superior Tribunal de Justiça. Segunda Turma. *REsp 1696909/SP*. Rel. Min. Herman Benjamim. Data do Julgamento 16/11/2017. Data da Publicação/Fonte DJe 19/12/2017.

STJ. Superior Tribunal de Justiça. Quarta Turma. *HC 439973 / MG*. Rel. Min. Luís Felipe Salomão. Julgado em 16/08/2018. Data da publicação/fonte: DJe 04/09/2018. RSTJ vol. 252 p. 822.

STJ. Superior Tribunal de Justiça. Terceira Turma. *REsp 1.159.242-SP*, Rel. Min. Nancy Andrighi, julgado em 24/4/2012. Informativo nº 0496.

STJ. Superior Tribunal de Justiça. *REsp 1.330.919-MT*, Rel. Min. Luís Felipe Salomão, julgado em 2/8/2016, DJe 18/8/2016. Informativo nº 0588.

STJ. Superior Tribunal de Justiça. *REsp 1.321.614-SP*, Rel. originário Min. Paulo de Tarso Sanseverino, Rel. para acórdão Min. Ricardo Villas Bôas Cueva, julgado em 16/12/2014, DJe 3/3/2015. Informativo nº 0556.

TADDEI, Bruno. *La fraude fiscale*. Paris: Librairies Techniques, 1974.

TJRS. Tribunal de Justiça do Rio Grande do Sul. Sétima Câmara Criminal. *Acórdão nº 70011591484*. Des. Marcelo Bandeira Pereira. Data: 07-07-2005.

TOLOSA FILHO, Benedicto de. *Comentários à Nova Lei de Responsabilidade Fiscal*. Rio de Janeiro: Temas & Ideias, 2000.

VENOSA, Sílvio de Salvo. *Introdução ao estudo do direito*. 2. ed. São Paulo: Atlas, 2007.

VON LISZT, Franz. *Tratado de direito penal alemão*. Vol. I. História do Direito Brasileiro. Obra fac-similar. Brasília: Senado Federal, 2006.

Esta obra foi composta em fonte Palatino Linotype, corpo 10
e impressa em papel Offset 63g (miolo) e Supremo 250g (capa)
pela Gráfica Formato.